DU

DROIT HÉRÉDITAIRE

DES AUTEURS

ET DES ERREURS DU CONGRÈS DE BRUXELLES.

DU

DROIT HÉRÉDITAIRE

DES AUTEURS

ET DES ERREURS DU CONGRÈS DE BRUXELLES

SUIVI D'UN

DISCOURS SUR LES BEAUX-ARTS.

PAR JULES MARESCHAL,

ANCIEN DIRECTEUR A LA LISTE CIVILE (BEAUX-ARTS),
SECRÉTAIRE DE LA COMMISSION ROYALE DE LA PROPRIÉTÉ LITTÉRAIRE, EN 1825-1826.

PARIS
LIBRAIRIE DE HACHETTE ET Cie
RUE PIERRE-SARRAZIN, N° 14 (PRÈS DE L'ÉCOLE DE MÉDECINE)

Et chez les principaux Libraires de France et de l'Étranger.

1859

ORDRE DES MATIÈRES

Pages.

AVIS AU LECTEUR VII

Motifs développés de la publication 1

Division de l'ouvrage 5

Précédents. — État de la question 6

Discussion 29

§ I. LE DROIT HÉRÉDITAIRE ABSOLU . . . . . *Id.*

§ II. LA RÉTRIBUTION PERPÉTUELLE 91

§ III. L'EXTENSION DE LA JOUISSANCE TEMPORAIRE 101

Résumé de la discussion 109

Position des questions 110

Réflexions finales 111

NOTES . . . . . 117 à 122

APPENDICE . . . . . 123 à 153

Les Lettres et les Arts considérés au point de vue de la morale publique et de leur régime administratif . . . . .

ANNEXES 155

Tableau du Personnel de la Commission royale de 1825 157

NOTE sur l'Application de la Rétribution perpétuelle (soumise par l'auteur du présent Écrit, en 1826, à la Commission susdite, en sa qualité de secrétaire 159

NOTE ADDITIONNELLE, fournie par le même, sur le même sujet 167

Rapport au Roi, rédigé par M. Villemain 169

Projet de loi formulé par la Commission 172

AVIS AU LECTEUR.

Deux raisons me déterminent à publier cet écrit.

La première est le notable événement de la tenue du Congrès de Bruxelles, qui a créé un grand péril pour l'existence légale du véritable droit de propriété des auteurs.

La seconde est l'imminence du règlement législatif que le Gouvernement se dispose à faire sur ce grave sujet : l'on verra plus loin comment je suis personnellement autorisé à parler ainsi.

Dans cette double conjoncture, il m'a semblé tout à fait opportun de fournir à l'opinion publique les moyens que je crois les plus propres à faire sentir la dangereuse erreur qui menace le droit des familles des gens de lettres et artistes. J'ai voulu, par là, concourir, autant qu'il pouvait être en moi, à éviter que la discussion législative s'ouvrît sous le coup d'une impression mauvaise.

A mes lecteurs de décider si j'ai eu raison ou tort de céder à cette inspiration.

L'AUTEUR.

DU

DROIT HÉRÉDITAIRE

DES AUTEURS

ET DES ERREURS DU CONGRÈS DE BRUXELLES.

Une étrange fatalité poursuit la propriété littéraire ! Négligée ou maltraitée jusqu'ici par tous les pouvoirs publics, elle vient de recevoir d'un grand Corps privé une preuve bien malheureuse de souvenir et de sympathie : après les digrâces de la puissance il ne manquait plus à ses infortunes que la faveur du Congrès de Bruxelles !

Ce sera, en effet, pour le droit des auteurs sur leurs œuvres, une calamité véritable que d'avoir été l'objet d'une telle protection, car, en dépit des nobles efforts faits pour la défense de ce droit devant le Congrès, il restera toujours contre lui, devant l'opinion, le préjugé très fâcheux d'une décision de majorité qui équivaut à sa méconnaissance, puisqu'elle lui conteste hautement sa conséquence la plus directe et la plus précieuse, à savoir la pleine faculté de transmission à la descendance de l'auteur.

A peine ce vote, qu'on peut avec toute raison appeler déplorable, a-t-il été connu qu'un concert de récriminations s'est élevé; plus que jamais la controverse s'anime sur la question que le Congrès a cru avoir tranchée à toujours, et l'ardente polémique qui recommence conduit à souhaiter que cette question soit promptement ramenée à ses termes propres, qu'enfin, bientôt le jour vrai se fasse sur elle, et qu'on cesse de s'égarer dans des théories impossibles, dans d'insaisissables subtilités de l'esprit, là où le seul bon sens suffit à la solution. Il serait permis de craindre que ce moment si désirable ne fût pas proche encore, s'il fallait prendre au sérieux certaines tendances révélées par la discussion à laquelle s'est livrée la réunion de Bruxelles. Il a été, en effet, jeté par là, dans la circulation intellectuelle, quelques-unes de ces idéalités périlleuses qui, peut-être écloses de cerveaux malades, n'en sont pas moins en possession de produire un triste effet sur des imaginations réputées saines, et, même, un grand désordre dans plus d'un cœur, en y réveillant des passions avides qui n'y sont trop souvent qu'à l'état de demi-sommeil. Il n'y aurait donc rien d'étonnant à ce que de telles causes vinssent agir chez nous sur la discussion publique en sens inverse de l'élucidation de la matière, même fausser la question à certains égards, ou ne l'agiter que dans des conditions malheureuses pour le bon ordre social.

C'est là une raison grave pour quiconque, ami du bien public, le souhaite servir, s'il le peut, en quelque chose, d'apporter dans un tel débat sa part d'efforts pour la défense du vrai, ou tout au moins de ce qu'il croit être le vrai.

Ce serait, certes, dire assez pourquoi, en dehors même

de tout autre motif, je me sens autorisé, par ma raison et mon devoir, à rendre publiques les réflexions que m'a suggérées l'attention par moi donnée à la tenue du Congrès de Bruxelles.

Mais, d'ailleurs, une seconde raison plus précise encore, et, pour ainsi dire, plus directe se tire du fonds même de la matière en discussion : c'est la considération de l'état, plus critique et plus compromettant que jamais, où se trouve engagée, par l'effet immédiat de la décision du Congrès, le principe vrai de la propriété littéraire.

Voici, effectivement, une réunion imposante, représentation libre des intérêts et de l'opinion de la généralité des écrivains et artistes de presque toutes les contrées de l'Europe, laquelle, après s'être donné la mission de défendre et protéger leurs droits à la justice sociale, vient, tout au contraire, se poser en obstacle à la jouissance de ces droits, tels que la logique et la raison les indiquent : La voici, les combattant, les déniant au lieu de les affirmer, c'est-à-dire, votant pour les faire restreindre dans des conditions dérisoires, lorsque, bien loin de là, on devait s'attendre de sa part à des efforts généreux pour leur faire donner toute l'extension qui leur est due : la voici, enfin, s'ingéniant pour créer, à l'égard des fruits matériels de la pensée, non pas cette propriété de droit commun qui leur est si manifestement acquise, mais un droit bâtard, innommé, qui n'a d'analogue dans aucune législation civile, qui n'est ni perpétuel ni viager, qui, sans rien ajouter pour ainsi dire au présent, scinde capricieusement l'avenir, et, sans avantager les auteurs eux-mêmes plus qu'ils ne le sont aujourd'hui, se prononce ouvertement pour la spoliation de leurs héritiers !

Tel est, dans la réalité, le net résultat de la décision du Congrès de Bruxelles, et l'on ne sait ce dont on doit le plus s'étonner, ou de ce résultat en lui-même, ou de la source d'où il émane.

En présence d'une atteinte si grave à l'intérêt légitime des gens de lettres et artistes, attaqués surtout dans le culte sacré de l'esprit de famille, c'est un devoir, je le répète, pour quiconque a des convictions contraires, de concourir à empêcher que l'opinion s'égare à la suite de ces étranges défenseurs de la propriété littéraire, et de venir mettre, quelque léger qu'il puisse être d'ailleurs, un poids dans la balance où doivent finalement se peser ses destinées.

Quant à moi, profondément pénétré de cette pensée, fruit de plus de trente années d'étude sérieuse de la question, qu'il n'y aura bonne justice envers ceux qui cultivent les lettres et les arts que lorsque l'hérédité et la perpétuité auront été attachées au droit de jouissance de leurs œuvres, partisan de ce principe dès avant 1825 (1), ayant dû, à cette dernière époque, prendre semi-officiellement sa défense, ainsi qu'on va le voir tout à l'heure, et n'ayant pu que me confirmer, depuis lors, dans cette

(1) Mon sentiment sur la question de propriété littéraire date de ma jeunesse : il s'est formé à l'occasion d'une grande et belle cause plaidée au Barreau de Paris par un jeune avocat, dont c'était le brillant début, Me Charrié, l'un des plus remarquables stagiaires admis aux belles conférences de Me Bellart. Cette cause était celle de la revendication des manuscrits de Chénier par la famille Lesparda. Je fus conduit par l'intérêt très vif avec lequel j'en avais suivi les débats à me livrer à l'examen de la question de principe sur la propriété des œuvres littéraires et artistiques, et, dès lors mon opinion fut formée en faveur du droit héréditaire des auteurs, avec le vif désir de voir un jour se réaliser cette justice envers eux et leurs familles.

même doctrine d'hérédité et de perpétuité, il ne m'est pas permis de déserter sa cause au moment où elle me semble le plus menacée, et je lui viens donner, avec le zèle que m'inspire cette profonde conviction acquise, tout le secours, bien faible par malheur, mais aussi bien dévoué, dont je puis être capable.

En réclamant, avec l'indulgence du public, sa bienveillante attention, je veux me garder d'en abuser, et je vais m'efforcer, en conséquence, de renfermer dans les plus étroites limites possibles l'expression de ma pensée sur un sujet, qui, pourtant prête à des développements si vastes.

Division de l'Ouvrage.

Pour donner à mon travail toute la clarté désirable, je suis forcé de faire connaître, préalablement à tout, quelques faits principaux qui dominent la matière, parce qu'il en résulte des considérations d'une très haute importance, desquelles l'application est pour ainsi dire décisive sur la solution, dans le sens de l'hérédité du droit des auteurs.

Après ces notions nécessaires, j'entrerai dans la discussion des principes de droit public et de droit civil, sur lesquels repose la jouissance privative de la faculté de reproduction réclamée en faveur des familles des gens de lettres et artistes, ce qui impliquera naturellement l'examen des objections qu'on oppose à cette prérogative. Puis, après résumé de cette double discussion, j'arriverai à mes conclusions, qui seront la formule des mesures législatives à prendre pour la consécration des droits dont j'aurai fait la démonstration successive.

Que si l'on venait à s'étonner de cette méthode quasi-judiciaire que j'impose à mon examen, je répondrais qu'à mon sens la matière est assez grave et que les raisons sur lesquelles je m'appuie sont d'un caractère assez positif pour comporter cette forme, sérieuse entre toutes : et que, d'ailleurs, ayant à parler devant un Tribunal qui, moralement, prime tous les autres, le Tribunal de l'opinion publique, j'ai pu croire convenable d'employer, à son égard, le mode le plus habituellement usité pour les discussions solennelles où sont engagés de grands intérêts ou publics ou privés.

J'aborde donc, pour débuter, la narration préalable dont je viens de parler, ou, comme on dirait au Palais, l'exposé des faits de la cause.

PRÉCÉDENTS. — ÉTAT DE LA QUESTION.

Depuis les dernières années du 18e siècle jusqu'à l'année 1825, la question de la Propriété littéraire, quoique ayant fait, en France, l'objet de trois mesures législatives, n'avait guère été quelque peu sérieusement traitée qu'à huis-clos, si je puis me servir de cette expression, et c'est à peine si le public avait été appelé à s'en occuper, autrement que par la réclamation, plusieurs fois renouvelée, de quelques esprits généreux, de la nature de ceux dont la pensée devance l'avenir et devine d'instinct les choses qui doivent devenir, plus tard, le sujet d'une préoccupation générale.

Pourtant, la justice veut qu'on dise que l'ancienne monarchie n'avait pas failli au devoir de faire, pour l'intérêt des auteurs, tout ce que permettait alors un état de choses, d'ailleurs tout légal en la forme, où leur droit n'était pas encore reconnu comme existant par lui-même : on trouve, dans nos recueils législatifs, un édit du Roi, portant la date de 1777, qui donne, par son article 5, aux auteurs ayant obtenu en leur nom le privilége du Roi, nécessaire, en ce temps-là, pour publier leurs livres, « *le droit de vendre leur ouvrage chez eux, pour jouir de ce privilége par eux ou leurs descendants* A PERPÉTUITÉ, *sous la seule condition de non rétrocession à un libraire, auquel cas,* dit l'article, *la durée du privilége sera, par le fait seul de la cession, réduite à celle de la vie de l'auteur.* »

Et un arrêt du conseil, en date du 30 juillet 1778, a étendu cette disposition, en déclarant que « *tout auteur ayant obtenu, en son nom, le privilége de son ouvrage, pourra, non seulement le vendre chez lui, mais encore autant de fois qu'il voudra le faire imprimer à son compte, par tel imprimeur de son choix, et vendre par tout libraire sans que les traités ou conventions qu'il fera pour imprimer ou débiter une édition de son ouvrage puissent être réputés cession de son privilége.* »

A cette occasion, M. L'avocat général Séguier, en rapportant l'arrêt devant le parlement, prononçait ces paroles remarquables, dont le texte a été conservé.

... « Jusqu'au XVIIe siècle nous ne trouvons aucune » ordonnance, aucun arrêt, en un mot, aucune loi dans

» laquelle la propriété littéraire ait été reconnue ou contes-
» tée. IL PARAIT QU'ELLE N'AVAIT PAS ÉTÉ MISE EN PROBLÈME.
» Dans le XVIIe siècle, on commença à sentir le droit de
» propriété des auteurs et on le reconnut dès qu'il le ré-
» clamèrent : CETTE PROPRIÉTÉ EST INCONTESTABLE, ELLE
» N'EST PAS MÊME CONTESTÉE : Disons mieux, ELLE EST RE-
» CONNUE, ELLE EST CONSTATÉE AUJOURD'HUI. »

Il y a plus, et un exemple fameux a prouvé que, même avant l'édit en question, LE DROIT PERPÉTUEL de propriété littéraire était considéré comme parfaitement établi et complétement légal. Cet exemple est celui donné par un arrêt du 14 septembre 1761, qui, sur la prétention élevée par plusieurs libraires contre les demoiselles de Lafontaine, descendantes en ligne directe du grand fabuliste, de les faire décheoir *du privilége qui avait été accordé à ces impétrantes* A RAISON DE LEUR DROIT DE PROPRIÉTÉ SUR LES OUVRAGES DE LEUR AYEUL, a débouté les libraires de leur opposition audit privilége.

En se reportant à ces précédents, on peut voir que le droit d'hérédité et de perpétuité des auteurs sur leurs œuvres n'est pas un droit né d'hier, ou même un droit non réel, ainsi que quelques-uns le prétendent, et il est assez piquant de voir le régime du bon plaisir, comme on l'appelle, professer pour ce droit des sujets du Roi, un respect beaucoup plus grand que le régime légal ne l'a fait pour la propriété des citoyens.

Les choses étaient en l'état où nous venons de les voir quand survint la révolution de 1789 :

Si, dans le passé, les écrivains avaient trouvé protection

auprès du pouvoir, l'on pouvait, l'on devait s'attendre à ce que, dans ces temps nouveaux, où la presse, libre et presque sans entrave aucune, prenait, à la fois, un développement si considérable et une importance si grande, le sympathique appui de l'autorité fût, à plus de titres encore, acquis aux hommes qui se vouaient à ce noble travail d'enseignement public et de civilisation.

Hélas! il n'en fut rien et l'on ne peut véritablement s'expliquer la cause de ce délaissement que par la plus triste des erreurs de l'esprit.

Il est bien vrai qu'une assemblée fameuse, en évoquant la matière au milieu du chaos de ses démolitions et reconstructions sociales, eut la velléité de donner à la propriété littéraire une existence nouvelle : il est bien vrai que la publicité, que la notoriété publique ne manquèrent pas, tant s'en faut! à ses actes, à ses décrets. Mais comme, évidemment, la Convention était amenée sur ce terrain par la haine des Priviléges (et jusqu'à elle le droit des auteurs n'avait eu d'existence que par le Privilége) beaucoup plus que par une idée spéculative de justice et de bienveillance en faveur des Lettres et des Arts elle s'occupa moins de créer, pour les écrivains et les artistes, l'avenir auquel ils pouvaient avoir droit que de détruire à leur égard les traditions du passé ; elle plaça, manifestement, en première ligne, le soin, le devoir, si l'on veut, de donner satisfaction à ses principes politiques, d'autres diraient à ses passions anti-monarchiques, et, en second ordre seulement, arriva la recherche, la réglementation des droits nouveaux qui devaient, pour les gens de lettres et artistes, succéder à ceux qu'ils avaient tenus de la législation précédente.

C'est, à n'en pas douter, dans cette priorité donnée à l'idée politique de destruction de ce qui était, qu'il faut voir, avec l'espèce de nullité du résultat de la mesure décrétée, le peu de profondeur et d'éclat de la discussion d'où est sorti le décret (19 juillet 1793), qui a reconnu aux auteurs le droit exclusif de disposer de leurs œuvres pendant leur vie, et accordé même jouissance à leurs héritiers ou cessionnaires durant l'espace de dix ans après la mort des auteurs (1). A juger de l'esprit dans lequel la loi a été portée par sa date, si rapprochée d'autres dates cruellement célèbres, aussi bien que par les noms qui figurent à son contre-seing, notamment par ceux de Billaud-Varennes et Garat, l'on peut m'accorder, sans grande difficulté, que le zèle pour les lettres et les arts n'a pas dû être la pensée prédominante de la disposition législative émanée de la Convention, en cette terrible année 1793, sur ce qui touche la propriété littéraire.

Ce qui est certain, c'est qu'au lieu d'une profession large et haute de principes sur ce point, ainsi qu'on devait l'attendre d'hommes qui se donnaient mission de tout régénérer, les gens de lettres et les artistes n'en obtinrent guère que la satisfaction assez maigre de pouvoir penser qu'ils posséderaient désormais, de par la nation, moins que ce que, depuis longtemps, ils possédaient de par le roi (2).

(1) Une première loi rendue le 13 janvier 1791, en autorisant tout citoyen à élever un théâtre public, déclare que les ouvrages des auteurs morts depuis cinq ans et plus sont propriété publique, mais maintient pour les auteurs vivants la propriété pendant leur vie, et accorde à leurs héritiers ou cessionnaires *cinq ans* seulement de jouissance après la mort des auteurs.

(2) Sans doute, sous l'ancienne Monarchie, l'auteur ne jouissait de son œuvre qu'en vertu d'un privilége du roi, lequel pouvait être retiré; mais l'on vient de voir que, du moins sous cette seule condition du maintien du

Nul de nos législateurs draconiens, trop préoccupés apparemment de l'application de leurs sanglantes théories politiques, ne daigna s'apercevoir que ce simulacre de justice n'était au fond que la consécration d'une grande iniquité sociale; que, dénier aux écrivains et artistes, c'est-à-dire aux citoyens que doit surtout honorer et protéger un grand peuple, la possession héréditaire du fruit de leur travail, c'était, comme nous l'allons démontrer bientôt, attenter à leur droit le plus naturel, le plus imprescriptible, et consommer sur eux un acte de spoliation véritable.

privilége, sa jouissance constituait une propriété perpétuelle et héréditaire.

Au demeurant, pour qu'on n'ait pas l'idée de me reprocher de déprécier la mesure décrétée par la Convention pour faire valoir à ses dépens l'état de choses qui l'a précédé, je crois devoir reproduire ici, littéralement, le passage d'un écrit émané, il y a vingt-deux ans, d'un homme de la spécialité, un libraire, qu'on sait n'être, en aucune façon, l'ami et le champion de l'ancien régime, mais qui est, par excellence, homme de raison et de bonne foi.

« ... Jadis le privilége ne s'accordait qu'après examen, et cet examen, » que nous repousserions tous aujourd'hui, parce que, lorsqu'il n'amenait » pas une prohibition, il était toujours une censure, cet examen avait, au » moins, cela de bon, qu'il appelait forcément l'attention sur le mérite de » l'ouvrage et sur la position de l'auteur. Pour en fixer la durée, qui *sou-* » *vent était prolongée par un nouveau privilége*, on prenait l'œuvre en con- » sidération sérieuse, et, souvent, *je puis dire* PRESQUE TOUJOURS, l'au- » teur obtenait une pension sur la cassette du roi : à côté de l'abus, il y » avait au moins une bonne chose; on a renversé l'abus, et l'on a bien » fait, mais qu'est devenue la bonne chose ? »

» ... Nul ne peut nier ou contester la propriété littéraire sans nier ou » contester, en même temps, le grand principe sur lequel repose la société » tout entière, le respect du bien acquis. La Convention nationale l'a fait; » mais est-il étonnant qu'elle en ait agi ainsi à une époque où elle émet- » tait les assignats et vendait à son profit les biens des suspects ? Je suis » tenté de croire au contraire que, dans son système d'avide violence, elle » a voulu faire une exception en faveur des lettres ! »

(Opinion nouvelle sur la Propriété littéraire,
par M. Hector Bossange, 1836.)

On voit que je ne suis pas le seul à juger sévèrement l'œuvre conventionnelle à l'égard des écrivains et astistes.

Après le décret de la Convention est venu celui du premier Empire (5 février 1810) *qui a étendu à* VINGT ANS *le délai de la jouissance des familles*, mais sans que, des débats qui ont dû précéder cet acte gouvernemental, rien n'ait, pour ainsi dire, transpiré dans le public sur les raisons qui ont fait mesurer si étroitement cette sorte de concession, de manière à donner à l'opinion le moyen de s'éclairer et de se fixer à cet égard.

Quoi qu'il en soit, et tout en regrettant que le coup d'œil si pénétrant de Napoléon Ier ne soit pas, suivant toute apparence, tombé particulièrement sur cette question, dont il eût sans peine aperçu toute la portée, il n'en faut pas moins envisager et accepter avec quelque gratitude même ce mince progrès que la législation de l'Empire a fait faire au droit successif des auteurs, surtout en considérant que près d'un demi-siècle s'est écoulé, depuis lors, sans qu'aucun des pouvoirs qui ont succédé au sien ait encore rien fait de plus que lui.

L'un d'eux pourtant l'a tenté avec zèle, avec éclat, c'est le gouvernement de Charles X, et, bien que la tentative n'ait pas pu aboutir, il est nombre de nobles et excellents esprits qui lui en ont tenu bon compte, d'autant que la remarquable publicité qui lui a été donnée à dessein a singulièrement concouru à mûrir les idées et à éclairer l'opinion.

Je parle, ici, de la création, faite directement par le roi, en 1825, sur l'initiative généreuse prise auprès de lui par le chef du département des Beaux-Arts (duc actuel de Doudeauville) d'une Commission de trente membres choisis dans les sommités du Parlement, de la Magistrature, et des Académies, A L'EFFET D'ÉLABORER LE PROJET D'UNE LÉGISLATION NOUVELLE SUR LA PROPRIÉTÉ LITTÉRAIRE ET ARTISTIQUE. A ces trente membres titulaires avaient été adjoints par la volonté du roi, six autres membres choisis dans la haute littérature, la librairie et le théâtre (1). (On trouvera ci-après, aux ANNEXES, le tableau du personnel de cette Commission.)

Fait sans distinction d'opinions politiques le choix des membres de cette Assemblée répondait complétement aux exigences d'un but si élevé, car il réunissait, comme en un faisceau, toutes les individualités les plus propres non-seulement à traiter de haut et magistralement la question, dans tous ses développements, mais encore à faire autorité dans le public et dans les Chambres. Je puis parler de ce qui la concerne en toute connaissance de cause, car, appelé, par mes fonctions au département des Beaux-Arts, à préparer les éléments de sa formation, puis, dans sa première séance, élu son secrétaire et ayant dû prendre en cette qualité une part active à ses travaux, pendant les six mois entiers de durée de sa session (2), nul mieux que

(1) C'est à ce dernier titre que TALMA fit partie de la commission, très gracieusement accueilli par le Roi en qualité de représentant spécial de l'intérêt des arts scéniques, et certes l'on n'eût pu faire un choix plus heureux à ce sujet. Ce qui est vrai, c'est que le grand acteur se fit constamment remarquer, dans le cours des débats si prolongés de la commission, par la tenue la plus digne, le plus grand sens et une érudition spéciale des plus étendues. Le baron Taylor, qui, peu de temps auparavant, avait été appelé à la direction du Théâtre-Français, avait appuyé avec chaleur cette désignation à laquelle applaudit sincèrement tout ce qui tenait à la littérature dramatique.

(2) Qu'il me soit ici permis, à ce propos, de rappeler, non par l'effet d'un sentiment d'amour-propre mal placé, mais pour qu'on puisse juger avec toute facilité du sérieux de l'œuvre de la commission aux yeux du gouvernement d'alors, les termes textuels d'une note semi-officielle passée à M. le garde des sceaux par le Ministre de la Maison du Roi, lorsqu'il fut

moi n'a pu juger, dans son ensemble et ses détails, la valeur et la marche de cette illustre réunion. Cet hommage si sincère que je lui rends, ici, est d'autant moins suspect que, comme on va le voir tout à l'heure, et par des motifs dont je donne une explication que je crois parfaitement vraie, la Commission, tout en manifestant ses vives sympathies pour la cause de la propriété littéraire, ne réalisa pas, néanmoins, mes espérances personnelles dans ce qu'elles avaient de plus capital.

En effet, et je le répète, à mes yeux, rien de complète-

question de préparer le travail législatif duquel devait sortir la consécration du principe posé par la commission. Voici cette note en extrait.

« ... *M. Jules Mareschal a dirigé tout le travail relatif à cette grande* « *affaire ; pris une part principale à la rédaction du volumineux rapport* » *qui a servi de point de départ pour la discussion; pris vingt-cinq fois* » *la parole pendant le cours des débats; proposé, développé et fait adopter* » *plusieurs articles, et, en outre, composé pour la commission des tra-* » *vaux spéciaux. On désirerait qu'à tous ces titres M. Jules Mareschal* » *fût désigné par S. E. M. le garde des sceaux, comme l'un des commis-* » *saires du roi, ou adjoint à ces commissaires, pour soutenir devant* » *les chambres la discussion du projet de loi à présenter par le gouver-* » *nement.* »

Je dois saisir cette occasion, et je le fais avec grand empressement, pour rendre de nouveau tout hommage au zèle plein de lumières et d'habileté avec lequel je fus secondé, dans ce travail important, par M. Charles Lenormant, alors sous-inspecteur des Beaux-Arts, et qui, depuis, a fourni d'une manière si honorable sa carrière de savant et d'écrivain, couronnée par son admission à l'Institut.

Non seulement, M. Lenormant coopéra très largement au Rapport lu par moi à la commission, mais encore il donna, par la rédaction d'un grand nombre des procès-verbaux des séances la preuve d'un rare talent d'analyse, bien remarquable dans un si jeune homme et qui, en grande partie, mérita, plus tard, au recueil de ces procès-verbaux l'honneur d'être qualifié d'ADMIRABLE par un illustre académicien, l'un de nos historiens les plus brillants, aujourd'hui sénateur et membre, en 1836, d'une Commission ministérielle, nommée pour réviser le travail de la Commission royale de 1825, et en 1842, de la commission législative de la Chambre des pairs, pour l'examen du projet de loi sur la propriété littéraire, M. le comte PHILIPPE DE SÉGUR.

ment juste et logique ne pouvait être fait tant que le principe même de cette propriété ne serait pas reconnu et consacré législativement, tant que le droit héréditaire et perpétuel des familles ne serait pas rangé dans la catégorie légale de tous les droits successifs relevant de la nature et de la loi.

Or, la Commission royale de 1825, pas plus que les pouvoirs précédents, n'avait cru pouvoir aller jusque-là : seulement elle a eu sur eux l'avantage d'avoir, au moins, poussé, comme étude théorique, la question beaucoup plus près qu'aucun d'eux de ce terme de solution, même en comparaison des corps officiels qui l'ont examinée à sa suite, et voici comment s'établit cette vérité de fait :

La Commission royale de 1825, au travail de laquelle il faudra toujours se reporter lorsque l'on voudra traiter sérieusement, consciencieusement la matière, dans toutes ses profondeurs, non seulement à cause de l'éminence des esprits si essentiellement positifs qui entrèrent dans sa composition, mais encore à raison du temps considérable consacré par elle à cet examen, la Commission, dis-je, avait résumé l'immense discussion ouverte devant elle en un projet de loi, dont la rédaction finale, confiée à trois de ses membres, légistes consommés (chacun desquels avait d'abord rédigé un projet particulier) (1), avait ensuite été concentrée en un seul projet réglant, en trente-deux articles, tous les points litigieux de la question et présenté à la Commission par l'un de ces honorables membres délégués, M. de Vatimesnil, qui a été l'une des plus hautes lumières du Conseil d'État, après avoir jeté

(1) Voir, aux Annexes, le texte de ce projet de loi.

un éclat si vif au barreau, dans la magistrature, et à la tête de l'Instruction publique.

Par ce projet, entre autres dispositions, très favorables aux lettres et aux arts, une notable innovation était apportée dans la législation existante, car la Commission proposait que fût porté à CINQUANTE ANS (au lieu de vingt) le terme de la jouissance posthume du droit des auteurs. Par là, sans doute, semblait bien formellement exclue, en principe, l'hérédité perpétuelle, et l'on a pu, très innocemment, lorqu'on n'a eu connaissance que de ce résultat des travaux de la Commission, en prendre texte pour dire qu'au point de vue de la protection due aux familles des gens de lettres et artistes, elle ne se plaçait pas au-dessus du Congrès de Bruxelles; mais l'on va voir que ceci devient une grosse erreur quand on est exactement renseigné sur ce qui s'est passé dans le sein même de la Commission.

Il faut qu'on sache, en effet, (et les procès-verbaux de nombre de séances en font foi), qu'en suite d'une discussion des plus vives et des plus approfondies, *le principe du* DROIT HÉRÉDITAIRE ET PERPÉTUEL *avait été admis* A LA PRESQUE UNANIMITÉ, sinon comme conférant aux héritiers le droit exclusif de reproduction, du moins comme donnant légalement ouverture en leur faveur à une redevance perpétuelle sur ces reproductions, lorsqu'elles seraient devenues libres pour tous par l'effet de l'appréhension de l'œuvre originale par le domaine public. Cette idée, sorte de transaction qui, si elle ne donnait pas, il est vrai, complète satisfaction au principe, retenait pourtant quelque chose de son caractère, avait été à ce titre, et faute de mieux, acceptée par tous les défenseurs du droit héréditaire exclusif de réimpression, et force m'avait bien été de me ranger à leur avis. Seulement ce vote de la rétribution perpétuelle avait été émis sous la réserve de l'examen ultérieur des voies et moyens d'application, à l'égard desquels des opinions divergentes s'étaient produites.

Or, ce fut par résultat de cet examen rétrospectif, et à raison des difficultés, réputées insurmontables, de l'application dont il s'agit, qu'avec grand regret, formellement exprimé au procès-verbal (1), la Commission crut devoir revenir sur sa décision première : et c'est alors que, se considérant comme forcée, par une pure raison de fait tout matériel parfaitement en dehors de l'essence du principe héréditaire, de repousser législativement ce principe, quoiqu'il fût, d'ailleurs, si réellement au fond de ses idées, elle voulut du moins que son travail servît à consacrer la justice d'une grande extension du terme de la jouissance temporaire des héritiers, quant au droit exclusif de reproduction.

Sans doute ce fut là, sous plus d'un rapport, une solution très regrettable, une malheureuse transaction de principe qui pouvait, qui devait peser longtemps sur le sort de la propriété littéraire, et les défenseurs de la perpétuité, devant la commission, s'en affligèrent à bon droit; leurs regrets, ainsi que les miens, furent d'autant plus vifs que, dans leur persuasion comme dans la mienne, rien n'était moins inquiétant, moins réel même, que ces difficultés d'application devant lesquelles avait reculé la commission, relativement à la rétribution perpétuelle. Ces difficultés, elles leur avaient semblé, comme à moi, surmontées et détruites radicalement, à l'aide d'une mesure par moi pro-

(1) Séance du 23 janvier 1826.

posée à la commission, et sur laquelle j'aurai lieu de revenir un peu plus loin, mesure à l'égard de laquelle et pour son adoption, j'avais fait, avec l'aide de cette même minorité dont je viens de parler, to. s les efforts, que me permettait ma situation, pleinement appuyé en cela d'ailleurs par le président de la commission, qui, organe des intentions généreuses du roi, tout en respectant religieusement, dans chacun des membres de l'assemblée, la libre émission de la pensée et du vote (c'est un hommage que, tous, ils se sont empressés de lui rendre, alors et depuis), attachait un prix tout particulier à ce que l'œuvre émanée d'elle, posant le grand principe de l'hérédité du droit des auteurs, fît cesser l'espèce d'état de quasi-barbarie dans lequel était, jusque-là, et depuis la révolution, restée la législation française sur la propriété littéraire, et fît époque, ainsi, dans l'histoire des lettres et du règne.

L'on ne peut guère s'expliquer cette résistance de la majorité de la commission aux persuasions et au vœu de la minorité, que par des scrupules exagérés, quoique d'ailleurs fort honorables, sur ce qui touche les intérêts moraux du progrès et de la civilisation (1). Mais l'on verra

(1) Il est permis de penser aussi que la Commission, malgré l'honorabilité profonde de caractère de chacun de ses membres et leur entière indépendance des passions politiques aussi bien que du pouvoir, s'est trouvée quelque peu sous la pression d'une certaine opinion extérieure, inquiète et soupçonneuse, qui régnait alcrs et qui, de bonne foi ou non, affectait de la défiance contre les actes principaux du gouvernement. La convocation de la Commisssion de la propriété littéraire, si bien accueillie par la saine partie et l'immense majorité du public, avait été saluée, dans ce cercle d'opposants, par des craintes assez vives sur le but supposé d'une semblable mesure, à laquelle on s'efforçait de chercher des motifs cachés, bien différents du vrai et seul motif qui avait déterminé ses promoteurs, motif honorable et avouable s'il en fut jamais : on avait été si loin dans ces investigations laborieuses et ces suppositions étranges qu'on en était arrivé à

bientôt, et lorsque nous serons arrivés à ce point de la discussion, que ces intérêts, si dignes de tout respect, sont complétement en dehors de la question du principe héréditaire, et d'ailleurs complétement sauvegardés par l'application de ce principe telle que l'indiquent et la recommandent le droit et la raison. Tout ce que nous devons dire, quant à présent, c'est qu'évidemment la commission royale de 1825, même avec cette regrettable lacune dans son travail, n'en a pas moins très heureusement, très glorieusement servi la cause des lettres et des arts, en même

l'adorable niaiserie de penser et de dire « que le gouvernement voulait ainsi mettre la main sur les œuvres des auteurs morts, acquises au domaine public, afin d'en faire disparaître plus facilement, en s'entendant avec les familles, celles de ces publications qui lui déplaisaient, Voltaire et Rousseau en tête, » comme cette incroyable baroquerie, cette bourde si risible (voir ce qui est dit à ce sujet, pag.) avait, malgré sa haute et merveilleuse sottise, trouvé néanmoins des prôneurs, peut-être quelques membres de la Commission , trop impressionnés par ces bourdonnements du dehors, avaient-ils ainsi faibli dans leurs dispositions premières en faveur du droit exclusif de reproduction.

Qu'on remarque, au surplus, et pour se rendre bien compte du caractère de la mesure, envisagée à ce point de vue, que le pouvoir avait pris à tâche de ne formuler, de son chef et par son initiative, aucune proposition à la Commission, et s'était borné, en lui exposant les faits et les principes, à lui soumettre une série de questions au nombre de VINGT qu'elle restait parfaitement libre de modifier, renverser même, comme elle l'entendrait, liberté dont elle usa sous plus d'un rapport.

Ce qui, je le répète, est vrai, de toute vérité, c'est que le désir d'améliorer et la législation et la situation des lettres et des arts fut le seul et unique mobile de la mesure, et que, jamais, plus que dans cette circonstance, le roi ne se montra loyal et bon, jamais il ne mérita mieux cet hommage qui a été rendu bien des fois à sa probité royale, et que vient tout récemment encore, de lui rendre, avec la plus honorable franchise, un éminent rédacteur de la *Presse*, M. Paulin Limayrac, dans l'un des derniers numéros de ce journal, en proclamant « l'HONNÊTETÉ DE CHARLES X. »

Et si l'on veut absolument séparer le roi de son gouvernement, qu'on veuille bien aussi remarquer, de plus, que la mesure n'avait eu, en aucune façon, l'attache ministérielle avant d'avoir été soumise à Charles X, qui l'avait, tout personnellement et tout spontanément, accueillie comme œuvre de justice et de bienveillance envers les gens de lettres et artistes.

temps que celle de la justice, par l'appui moral qu'elle a donné au principe du droit héréditaire. Il est visible, en effet, que, du moment où elle déclarait ne se voir obligée de sortir de ce droit que par des raisons en dehors de sa nature et de son essence, par cela seul elle en reconnaissait le fondement en lui-même et le proclamait tacitement; à ce point de vue sa négation valait presque une affirmation.

Et d'ailleurs, ne voulût-on s'arrêter qu'à sa décision de pis-aller, l'extension du terme de la puissance temporaire, il est également incontestable qu'en cela elle fait beaucoup plus que ses devanciers, de même que c'est à elle que revient l'honneur de l'initiative de cette idée du terme du demi-siècle de possession en faveur des familles, adoptée depuis, comme nous l'allons voir, et par une commission législative postérieure, et par le congrès de Bruxelles.

Donc, j'ai toute raison de dire que la commission royale de 1825 a le pas, à la fois, sur ceux qui l'ont précédée et sur ceux qui l'ont suivie.

J'arrive à l'analyse des faits postérieurs au grand fait que je viens de caractériser.

Le gouvernement de Juillet est, après celui de la Restauration, le seul, jusqu'ici, qui se soit occupé extérieurement de la propriété littéraire. Ce n'est pas que son intervention ait eu, en définitive, un résultat bien remarquable, législativement parlant, puisque ce résultat s'est borné à une sorte d'interprétation du décret impérial du 5 février 1810, laquelle a fait rentrer dans les termes de ce décret les droits des auteurs d'ouvrages dramatiques, et a, en conséquence, conféré la faculté de reproduction pendant vingt années à leurs veuves et à leurs enfants (loi du 3 août 1844). Toutefois, comme il y a eu au moins manifestation d'une volonté gouvernementale d'aller plus loin que cela et d'obtenir un résultat plus large, il est juste de lui en tenir compte, bien que par malheur cette bonne volonté n'ait pas été suivie avec assez de résolution pour produire son effet. Ceci devra paraître d'autant plus extraordinaire que le personnage considérable, comme homme politique, qui fut longtemps à la tête de ce cabinet, et qui sera toujours l'un des plus éminents, si même il n'est le premier de nos grands prosateurs sérieux et philosophiques, ne pouvait certainement avoir, comme conservateur et comme écrivain, que des tendances favorables à une bonne constitution de la propriété littéraire; mais il faut croire que les luttes incessantes et acharnées de la politique et de la tribune le détournèrent forcément de l'attention qu'on pouvait, qu'on devait attendre de sa part, sur un point de la nature de celui dont nous nous occupons. Regrettons-le, mais ne lui en faisons reproche que comme d'une sorte de renoncement, fâcheux pour lui-même, à orner d'un fleuron de plus sa brillante couronne d'économiste.

De cet avortement des bonnes intentions du pouvoir de Juillet, la cause accessoire, je pourrais dire principale, fut peut-être l'oubli dans lequel resta, auprès des législateurs de 1830, l'œuvre de la commission de 1825, c'est-à-dire le projet de loi et la lumineuse discussion qui l'avait précédé : Si, en effet, il n'en eût pas été ainsi, l'on peut penser que cette excellente élaboration de la matière aurait porté ses fruits en mettant, *de plano*, les organes du pouvoir législatif au fait des raisons les plus judicieuses et les plus concluantes sur lesquelles pût s'appuyer la proposition faite en faveur de la propriété littéraire.

Ce n'est pas qu'on puisse dire d'une manière absolue que le gouvernement de Juillet a méconnu l'importance du travail de la Commission de 1825. D'abord, en effet, l'un de ses conseillers-ministres les plus éminents par l'esprit, dignitaire illustre de l'Académie française, fut celui-là même des membres titulaires de cette Commission nommés par S. M. Charles X, qui fut le rédacteur du très remarquable rapport au roi, résumant ses travaux et formant une sorte d'exposé de motifs du projet de loi formulé par elle. Or, il n'est nullement présumable qu'alors coopérateur aussi zélé qu'habile de cette grande œuvre, il ait, à quelques années de là, perdu toute mémoire de ce concours, au moment où fut portée devant le conseil des ministres de la dynastie de Juillet, duquel il faisait partie intégrante, la proposition de la loi dont nous avons parlé plus haut. De plus, un autre conseiller de la même royauté, feu l'honorable M. de Salvandy, chargé de la présentation de cette loi, a, dans son exposé devant la Chambre des Pairs, parlé très chaleureusement de ce beau travail. Un tel acte de loyauté n'étonnera personne d'après ce que, tous, nous avons connu du noble caractère de M. de Salvandy. Toutefois, il est vivement à regretter que là se soit bornée la sollicitude du ministre et qu'elle ne soit pas allée jusqu'à joindre au dossier d'instruction parlementaire le recueil des procès-verbaux de la Commission : cela était d'autant plus praticable que ce recueil, imprimé par les soins du département des Beaux-Arts, avait été transmis, en 1826, à tous les ministères, et qu'il devait se trouver à la Bibliothèque de l'Instruction publipue comme à celle des autres départements ministériels (1). Le fait de cette fâcheuse lacune est constaté par le regret écrit qu'eut à en exprimer plus tard M. de Lamartine, qui fut rapporteur à la Chambre des Députés du projet de loi dont il s'agit.

Ici, sans doute, et à ce nom si justement célèbre dans les lettres, l'on s'étonnera qu'il n'ait pas figuré parmi ceux des membres d'une réunion de cette nature. Pour s'expliquer une telle lacune, il faut se rappeler que notre grand écrivain était alors investi de fonctions diplomatiques en Italie ; autrement il n'eût pas, certes, été omis dans la composition de ce personnel d'élite, et je puis le dire, ici, très affirmativement, puisqu'ayant, moi-même concouru en raison de mon service administratif, à la désignation de ce personnel je n'ai pu oublier que ce fut, là, un des regrets du digne chef du département des Beaux-Arts, et même du roi. Sans doute, M. de Lamartine n'en était guère encore, à cette époque, qu'à l'aurore de son illustration littéraire, mais, aussi, cette aurore était si pure, si radieuse, que le nom de l'auteur des MÉDITATIONS venait naturellement se placer, déjà, auprès de ceux mêmes dont le temps avait consacré le plus noblement la renommée.

C'est, manifestement, par cette raison de l'absence de M. de Lamartine aux discussions de la Commission de 1825, que l'on trouve dans son rapport, d'ailleurs si lumineux, sur le Projet de loi de 1841, ces mots, dont on aurait tout droit de s'étonner si son auteur eût eu, en effet, sous les yeux les procès-verbaux de la Commission :

(1) Ce fait est hors de toute contestation possible, car les lettres d'accusé de réception, *qui ont toutes passé par mes mains*, l'établissent d'une manière irréfutable. Le recueil avait été imprimé chez Pillet aîné (1826).

« .... Une ébauche informe de la loi du 19 janvier 1791, » un décret de la Convention du 19 juillet 1793, un décret » sur la librairie du 5 février 1810, un beau projet de loi » de M. de Salvandy (1), et une discussion de la Chambre » des Pairs étaient les seuls jalons qui nous traçaient la » route. »

Certes, le noble caractère de l'illustre écrivain est trop connu pour qu'il soit permis de croire qu'il eût omis à dessein ce remarquable épisode de la question de la propriété littéraire que fournit la Commission de 1825, et tout donne à penser, au contraire, que, s'il l'eût connu, en effet, il n'eût pas manqué, non seulement de rappeler avec honneur le document qui s'y rattache, mais encore d'y puiser de puissants arguments à l'appui de sa propre opinion, entièrement favorable à la perpétuité du droit des auteurs. Cette opinion avait été, et il faut ici rendre cet hommage à la Commission législative dont il était l'organe, partagée par elle, mais, pourtant, elle n'avait pas osé aller au delà de ce tribut stérile au principe de la perpétuité. Reculant devant l'idée de son application immédiate, elle avait par des considérations législatives d'extrême réserve plus rapprochées, à mon sens, de la timidité que de la sagesse, adopté le moyen terme de l'extension du droit temporaire. Elle avait donc, imitant ainsi l'exemple de la Commission de 1825, proposé comme elle de fixer à cinquante ans la durée de ce droit, en opposition, sur ce point, avec le Projet du gouvernement lequel par suite de ce caractère tout particulier d'hésitation que portent presque tous ses actes (à l'exception cependant du premier de tous!) n'avait proposé que trente ans.

(1) Ce projet était presqu'entièrement calqué sur celui de la Commission royale de 1825.

Depuis lors, rien ne fut plus tenté en faveur de la propriété littéraire par la monarchie de Juillet.

Quant à la démocratie de Février, cet éphémère pouvoir noyé dans le sang des fatales journées de Juin, avant de disparaître au bout de quatre mois à peine dans la tempête suscitée en quelque sorte par lui-même, quoiqu'involontairement, car tous les éléments en étaient en lui, eut, cela se conçoit, à se préoccuper, pendant cette courte durée, de matières et questions d'une tout autre urgence pour son assiette si laborieusement pénible et son impossible conservation. Eût-il voulu, et cela n'est nullement insupposable d'après le caractère et les lumières de quelques-uns de ses chefs, aborder ce sujet, qu'il n'en eût pas eu le temps, et que, même à lui supposer ce loisir, il eût rencontré, dans la force des choses, d'insurmontables obstacles.

De tels gouvernements, en effet, sont par leur nature même, bien peu propres à favoriser le mouvement et l'intérêt des lettres; les unes et les autres veulent du calme, de l'harmonie sociale, un temps de noble passion pour le progrès pacifique des idées, de délicate aspiration vers les choses du goût et du cœur : or, rien de tout cela ne saurait se rencontrer pour eux à ces époques néfastes où l'agitation fébrile des esprits, l'amour du désordre, l'hostilité sanglante entre les classes de citoyens se traduisent par les troubles journaliers de la rue : où ce bouillonnement universel des intelligences ne faisant, trop souvent, arriver à la surface que les plus folles, par cela seul qu'elles sont les plus audacieuses et les plus violentes, les esprits sages qui s'efforcent de ramener à l'ordre sont bientôt réputés ennemis du bien public : où le bon goût étouffe sous les trivialités grossières de la langue de passions haineuses ou cupides du plus bas étage et où le chœur des séraphins de la poésie semble remplacé par les hurlements de démons terrestres ! Que peuvent, à la tête d'un gouvernement placé dans de telles conditions, même des hommes de bien et de bonne volonté, si ce n'est louvoyer sans cesse au milieu des écueils populaires de chaque jour, sur cette mer orageuse et pour eux-mêmes pleine de périls, sur laquelle la foudre menace à tout moment leur propre tête ? La raison dit qu'à des époques semblables, il faut refouler les désirs et les vues d'amélioration réelle sur toutes choses, surtout à l'égard de celles qui ne peuvent être utilement traitées que dans le calme, et personne, par conséquent, ne saurait penser à faire un tort au gouvernement de Février de ne s'être point occupé de la réglementation du droit des auteurs.

Rien donc ne dut, ne put être fait en faveur de la question littéraire pendant le règne, d'ailleurs si court, de ce pouvoir, sans autorité véritable, constamment dépassé, dominé par de déplorables influences démagogiques, et que ne put, malgré d'héroïques efforts, sauver de sa chute le plus beau génie poétique de l'époque, uni au génie scientifique le plus remarquable, inspirés tous deux par le plus noble cœur : ce qui prouverait une fois de plus, s'il en était besoin, non seulement que toute démocratie, en tant que pouvoir gouvernemental unique et sans contrepoids (1), porte en elle-même son germe de destruction, mais encore, et surtout, qu'il n'y a que chimère à penser que des hommes de bien seront assez forts à sa tête, pour la maintenir dans les voies de l'ordre et la sou-

(1) Voir, ci-après, hors texte, la note où j'explique en quel sens ceci doit être compris pour ce qui touche le fait de la démocratie et le principe de son intervention normale et régulière dans les choses de gouvernement.

straire aux instincts anarchiques, bien autrement vigoureux, qui sans cesse veillent et agissent sourdement en elle. Si parfois elle peut avoir quelque durée, ce n'est guère, par grand malheur, qu'à la condition ou d'une dictature qui confisque la liberté, ou, ce qui est bien pis encore, de ces violences tyranniques qui insultent à la justice et font frémir l'humanité, ou enfin, en allumant au dehors l'un de ces incendies révolutionnaires qu'elle est inhabile à éteindre et qui finissent toujours par la dévorer elle-même.

Après le régime purement démocratique de Février vint celui, beaucoup plus régulier sans doute, beaucoup moins esclave de la démagogie, qui, sous le nom de république, ne s'en personnifiera pas moins dans l'histoire par ses deux chefs dictatoriaux; régime évidemment transitoire par sa nature, sous lequel on ne pouvait espérer que des mesures d'expectation et de provisoire. Par cela même la propriété littéraire ne pouvait s'attendre à en voir sortir le règlement final après lequel elle soupire depuis si longtemps.

Toutefois, il faut le dire à l'honneur de la seconde des deux phases gouvernementales de cet autre pouvoir de 1848, celle de la présidence du Prince Louis-Napoléon, l'espoir des amis des lettres put se ranimer alors, et je puis d'autant mieux l'affirmer, que ce fut, pour moi, un fait tout personnel; sa manifestation remonte au 29 juin 1849 et elle résulte d'une lettre semi-officielle du prince, par laquelle, répondant à ma demande de ce règlement de la question littéraire et à l'envoi du volume des procès-verbaux de la Commission royale de 1825, il voulut bien, en me remerciant de l'envoi dont il s'agit, me mander: « *Qu'il a fait joindre* CE PRÉCIEUX DOCUMENT *à ceux qui seront consultés* POUR LE TRAVAIL QUE LE GOUVERNEMENT PRÉPARE. »

Pour tous ceux qui connaissaient l'inébranlable constance du prince dans tous ses desseins, ces paroles furent, à bon droit, considérées comme un gage de réalisation plus ou moins prochaine, d'autant que, comme chacun en a pu juger, il n'a pas seulement pour la cause des lettres la sollicitude du protecteur : il a aussi le zèle tout particulier, tout personnel, pourrait-on dire, de l'esprit supérieur qui s'est, plus d'une fois, par une pratique heureuse et brillante, identifié avec elles.

Aussi, peu après l'établissement du second Empire, il intervint (8 *avril* 1854) une loi portant à trente années la jouissance du droit posthume des auteurs. Mais l'on est autorisé à croire que ce ne fut là qu'un gage tout préliminaire de l'intérêt du nouveau gouvernement pour les familles. Cette persuasion est en moi la conséquence d'un autre fait également personnel à moi-même et que voici : alarmé des tendances de la décision du congrès de Bruxelles, je crus devoir soumettre au pouvoir suprême des observations à ce sujet, afin de combattre les doctrines erronées qui pouvaient, en créant en lui une impression défavorable aux principes vrais, refouler ou faire dévier ses bonnes intentions sur ce qui touche la propriété littéraire pleine et absolue.

Le mémoire qui contenait ces observations développées ayant été adressé par moi à l'Empereur en octobre dernier (1858), avec rappel de sa quasi-promesse de 1849, j'ai eu la satisfaction de voir, par l'extrême empressement de la réponse, aussi bien que par ses termes mêmes, que cette communication avait produit son effet utile, et j'en ai dû induire la confirmation des intentions généreuses précédemment annoncées par le chef de l'État.

Persuadé, dès lors qu'on peut, qu'on doit s'attendre à voir, au premier moment, surgir une proposition de loi sur la matière, je ne m'en suis senti que plus encouragé à saisir l'opinion publique de la connaissance des raisons par lesquelles me semblent devoir être résolues les questions que fera naître la proposition dont il s'agit, et, en cela, je me crois assuré d'avance de l'appui du pouvoir.

Le fait que je viens de signaler est le dernier, que nous offre l'histoire des péripéties diverses par lesquelles a passé la question de la propriété littéraire pour arriver jusqu'à notre présente époque. Aussi, sans prolonger davantage cette analyse, et actuellement qu'est complété le récit des circonstances qu'il était nécessaire de bien connaître pour arriver à se faire une idée nette à l'égard de quelques-uns des points les plus essentiels à traiter, je passe à leur discussion.

---

§ Ier.

LE DROIT HÉRÉDITAIRE ABSOLU.

Il est des opinions qui ne peuvent s'abdiquer parce qu'elles reposent sur des convictions acquises, et qu'elles ne sont autre chose que le produit de ces déductions de l'esprit auxquelles la raison ne saurait se refuser sans se désavouer elle-même.

Telle a été, en moi, de tout temps, mon opinion sur la propriété littéraire, opinion d'abord plus instinctive que raisonnée, je le confesse, mais qui, ensuite, mûrie par l'observation et par l'étude, a pris sur mon être moral cette puissance intime qui agit sur nous comme une sorte de foi : j'espère démontrer, par ce qui va suivre, que ce ne fut pas, là, une foi aveugle.

Cela explique tout naturellement, pourquoi, malgré l'échec subi par cette opinion devant la commission royale de 1825, j'ai cru devoir rester ferme, néanmions, dans toutes mes idées premières et comment, en ce moment même, je viens, à nouveau, soutenir, contre la majorité du congrès de Bruxelles, le principe de la perpétuité du droit des auteurs.

Du reste, je me sens, en vérité, fort à l'aise pour en agir ainsi, car en me reportant, par le souvenir, au temps des séances les plus animées de la Commission, je me rencontre, à mon grand honneur, dans la défense de ce droit, en communauté d'idées et d'efforts avec un grand nombre des membres, éminemment savants et judicieux, qui la composaient, et notamment avec MM. CUVIER, PORTALIS, LAINÉ, BELLART, LEMERCIER, DACIER, ANDRIEUX, LALLY-TOLLENDAL, ALEXANDRE DUVAL, AUGER, ROGER, CHAMPEIN (1), le baron TAYLOR, etc., etc.

(1) L'illustre auteur de la MÉLOMANIE et de tant d'autres œuvres musicales remarquables, était alors un digne vieillard, dont toutes les allures, très vertes encore, peut-être un peu nerveuses, n'en faisaient que mieux ressortir le riche cœur et l'excellent esprit. Aveugle, il avait pour Antigone, sa jeune fille, qui, bien qu'encore presqu'adolescente, avait déjà fait preuve des plus solides qualités. Douée d'un talent précoce, elle venait de publier un volume de poésies élevées, fortes et d'une irréprochable pureté. Plus tard, mademoiselle Champein, devenue, après la perte de son père, la femme d'un homme de lettres qui s'était fait une honorable réputation,

Assurément, il n'est pas possible de supposer que, dans aucun de ces esprits si brillants et si élevés, la thèse de la perpétuité se soit produite et ait été soutenue contre leur conscience d'hommes de raison et sous les auspices d'une pensée secrète d'intérêt matériel dominant : de la part des treize premiers, aujourd'hui enlevés au monde et à leur gloire, la mémoire de tous ces illustres morts les défend assez contre une telle suspicion : et à l'égard du dernier d'entre eux, encore de ce monde, par bonheur, sa vie, remplie d'abnégation et de bonnes œuvres ayant toutes eu pour but, avec la glorification des arts, le bien-être des gens de lettres et artistes, protesterait, au besoin, contre l'accusation d'intérêt égoïste dans la défense du droit perpétuel des auteurs. Qu'il me soit permis de dire ici combien, pour ce qui me touche personnellement, je me sens d'éloignement profond pour une semblable manière de considérer et d'embrasser la cause de la perpétuité.

Ah ! gardons-nous bien, en effet, gardons-nous, tous, de flétrir cette gloire si noble et si pure que nous vaut la

M. de la Verpillière, a sacrifié en grande partie aux exigences de sa vie d'épouse et de mère de famille, son goût pour les lettres, ou plutôt elle n'a guère conservé leur culte que sous son rapport le plus sérieux, en se vouant à l'enseignement : la mort de son mari a rendu plus impérieux encore pour elle le besoin de se livrer à ce labeur si honorable, mais qui mène si rarement à la fortune. Le souvenir de la gloire de son digne père, la considération publique qui l'entoure elle-même, et la reconnaissance filiale de nombre de jeunes personnes auxquelles elle ouvre la voie du monde, en les inspirant de ses bons exemples autant que de ses utiles leçons, tout cela sans doute est pour madame de la Verpillière une grande et noble compensation aux insuffisances de son incessant travail; mais, il est permis à tous ceux qui savent ce qu'elle mériterait au delà, de déplorer, surtout à son égard, la triste conséquence d'une législation qui depuis longtemps l'a dépouillée du produit des œuvres musicales de ce maître que l'école française reconnaît encore aujourd'hui comme l'une de ses illustrations.

culture des lettres et des arts, en la rabaissant au niveau d'une spéculation toute mercantile ! Hélas ! en dépit de la saine partie de la littérature et du public, il n'est que trop souvent donné, par cette triste tendance de quelques-uns, des gages bien déplorables à la corruption ! Que, du moins, elle ne puisse se prévaloir d'une sorte de sanction à cette idée si peu digne par les noms qui font autorité dans le monde littéraire et artistique. Souvenons-nous, sans cesse, qu'au premier rang des choses par lesquelles s'honore le travail, vient se placer la profession, noblement exercée, des arts libéraux, ces nobles distractions de l'esprit qui en sont à la fois le charme et la parure (1).

C'est par eux, en effet, autant que par les sciences, que l'esprit de l'homme se forme et s'éclaire, que la puissance de son génie lui est révélée, que tout ce qu'il y a de noble, de beau, d'utile, dans l'ordre intellectuel, lui est enseigné ; c'est par eux qu'après avoir appris ce qu'il doit d'hommage et d'amour au Créateur de toutes choses, il apprend aussi à se connaître lui-même et à puiser dans cette étude les principes de morale et de religion qui font l'honneur de sa vie ou la consolation de ses infortunes ; oui, par l'enthousiasme qu'ils jettent dans l'esprit, par les ardentes aspirations qu'ils développent dans le cœur, les arts libéraux sont plus propres encore que les sciences positives à créer

(1) J'ai traité déjà ces idées sur la nature et la tendance des arts libéraux d'une manière beaucoup plus développée dans un ouvrage sur l'administration des Beaux-Arts, que je ne me propose de publier qu'un peu plus tardivement. Par ce motif, l'un des passages de ce nouveau livre ayant trait essentiellement, sous le rapport moral, à la matière présentement élaborée, j'ai cru devoir lui donner une publicité anticipée, mais qui peut être utile, en le citant textuellement à la suite de ma publication actuelle. Le morceau dont je parle ici est le discours préliminaire placé en tête du livre en question et qui en est comme le programme. (*Voir l'Appendice.*)

en nous, ces extases presque divines qui nous élèvent, pour ainsi dire au-dessus de notre nature et qui nous apportent comme une révélation des choses célestes.

De même, c'est à l'aide des lettres, des sciences, des beaux-arts qu'une nation fonde sa renommée la plus durable, qu'elle transmet le plus sûrement son souvenir à la postérité et qu'elle peut lutter le mieux contre la puissance destructive des siècles; bien des peuples conquérants ont brillé sur la terre: un entier oubli a couvert les exploits des uns, et la gloire de ceux que cet oubli n'a point frappés n'est parvenue jusqu'à nous qu'obscurcie trop souvent par des traditions accusatrices de spoliation, d'injustice et de cruauté!

Telle n'est pas la renommée que procurent les lettres et les arts; telle n'est pas la mémoire des peuples qui leur doivent leur célébrité; l'Inde guerrière est ensevelie dans un oubli profond, mais les œuvres admirables de l'Inde poétique ont bravé trente siècle pour venir jusqu'à nous; Rome conquérante ne nous aurait laissé que des ruines pour attester son passage dans l'histoire, si son poëme immortel, si ses odes fameuses, si ses éloquentes harangues, en inscrivant dans les fastes du monde les noms de Virgile, Horace et Cicéron, ne l'avaient sauvée de l'oubli de la postérité; la Grèce sa devancière, dont les exploits seraient ignorés sans le génie de ses historiens, est encore vivante à nos yeux par le souvenir de ses sages, les merveilles de ses écrivains et les chefs-d'œuvre de ses artistes.

Évitons donc avec soin, avec scrupule, tout ce qui peut rétrécir par les calculs d'un intérêt sordide les inspirations d'où découlent pour les individus, comme pour les peuples eux-mêmes, les sources de l'illustration la plus véritable, après celle des grandes vertus civiques ou privées. Loin de là, cherchons plutôt à nourrir, à exalter encore le sentiment qui porte l'homme de lettres, le savant, l'artiste à propager, dans la vue surtout du bien public ou d'une ambition élevée et légitime, les œuvres qui concourent à immortaliser à la fois leur nom et leur pays.

Mais, aussi, tout en rendant aux arts libéraux cet hommage, en leur payant ce tribut désintéressé, sachons, d'autre part, sachons nous garder d'une séduction d'autant plus puissante que la cause en est plus noble, la séduction des sentiments généreux : ils ont ont aussi leurs écarts et, par leur exagération, ils peuvent mener à l'erreur ; ne souffrons donc pas que le motif même qui nous fait accorder aux lettres et aux arts une si grande et si juste part de notre admiration, devienne, par ceux qui se sont voués à leur culte, comme un titre d'exclusion de l'une des prérogatives les plus générales et les plus communes que l'équité sociale, d'accord avec le droit civil, confère sans réserve à tous les citoyens.

Cette prérogative, c'est la faculté pour chacun, d'acquérir par son travail et de transmettre à ses enfants un moyen d'existence honorable dans le monde ; c'est de posséder en propre, par lui ou par les siens, le fruit de ce travail, avec non moins de droit, de largeur et de sécurité que les biens qui lui ont été, à lui-même, transmis par ses pères.

La faculté que je signale a fait, depuis les temps primordiaux, la base des sociétés humaines : le droit n'en est ni contestable, ni périssable, car il est, manifestement, l'une de ces lois substantielles et fondamentales que l'auteur de toutes choses a établies pour le gouvernement moral de l'univers et qu'il a révélées à l'homme par le mystère de l'idée innée. Il faut donc pour nier sa réalité, pour secouer le pouvoir d'un semblable principe, donner à plein dans ces aberrations excentriques si périlleuses, dans ces sophismes subversifs qui ont été la honte et le danger d'époques exceptionnelles, époques fatales, dont on ne doit se souvenir que pour en détester les folies, que pour en prévenir le retour.

Si, à tous, est acquis ce droit de libre possession, ne faut-il pas, *à fortiori,* le reconnaître et le respecter en ceux là qui, en même temps qu'ils ont travaillé pour eux-mêmes, ont, d'ailleurs, d'une façon quelconque concouru au bien-être de la communauté, qui lui ont apporté soit une richesse matérielle, soit une richesse intellectuelle? Eh! que font donc autre chose, à l'égard de la société, l'écrivain, le savant, l'artiste? Qu'est-ce qu'un beau livre, un bon traité scientifique, un tableau remarquable, une belle gravure, une œuvre dramatique estimable, une harmonieuse partition, etc., si ce n'est tout à la fois un élément de profit pour le commerce de la librairie ou des arts, et une source d'instruction ou de jouissance d'esprit et de cœur pour le public tout entier? Ah! certes, ceux-là dont les labeurs ont de tels résultats il les faut mettre dans une classe à part, il faut faire pour eux une exception, mais il ne faut pas que cette classe soit une classe de parias, que cette exception soit une exception de disgrâce! Ce qu'il faudrait, si c'était possible, ce serait amplifier pour eux le droit commun, et non pas le restreindre contre eux, l'annuler presque à leur égard! Quoi! moins sera noble, utile la profession qu'on exercera, et plus grande sera la sécurité que la justice sociale accorde pour la jouissance des fruits qu'on en retire! quoi! le plus mince artisan, le manouvrier lui-même, seront mis sous ce rapport au-dessus de l'écrivain, du savant, de l'artiste, et, tandis que le petit-fils d'un chiffonnier vivra heureux du chétif patrimoine que lui aura gagné le travail de son obscur aïeul, on verra la petite nièce de Corneille ou de Racine mourir de misère presqu'à la porte des spéculateurs qu'auront enrichis les œuvres immortelles des deux grands tragiques (1)! En vérité, il faut être bien aveugle ou le jouet d'une préoccupation bien grande pour que la honte ne monte pas au front en soutenant une doctrine qui mène à de semblables conséquences, et, je le dis en toute conviction, à faire cette situation d'infériorité et de défaveur aux hommes qui cultivent les lettres et les arts, il n'y a pas seulement de l'injustice et de l'ingratitude, il y a défaut complet de pudeur sociale!

Pourtant, ce n'est pas à dire que ces idées si simples, si perceptibles, soient repoussées, déniées en elles-mêmes, et d'une manière absolue, par les adversaires du droit perpétuel des auteurs. Sans les contester en principe, ils se bornent à en décliner l'application à la propriété littéraire et artistique, et cela par des motifs de la plus étrange espèce, motifs dans l'examen desquels il est véritablement impossible d'entrer sans s'étonner grandement de les voir mis au service d'une discussion sérieuse : quant à moi, du moins, jamais, je le confesse, il ne m'a été possible de les considérer autrement que comme procédant d'une idéologie qui s'égare dans ses propres voies, qui raisonne et

(1) Voir ci-après, page 50, comment le patrimoine des gens de lettres et artistes passe, non pas au public, mais à quelques spéculateurs.

combat dans le vide, qui tombe, à propos de choses toutes positives, dans la création vaporeuse et fantaisiste, en un mot, comme l'une de ces thèses singulières, bonnes peut-être à soutenir, à titre de jeu de l'esprit, dans un tournoi littéraire mais bien peu propres, suivant moi, à faire le texte d'une discussion grave comme doit l'être celle d'un principe de droit public ou privé.

Ainsi, et pour entrer de suite au cœur de la question, afin de faire d'autant mieux comprendre tout ce qui va suivre pour ses développements, précisons ici, avant tout, un fait de toute importance, qui est, à proprement parler, le pivot sur lequel roule toute l'argumentantation pour et contre la propriété littéraire : nous ne saurions trop dès lors appeler l'attention sur lui.

Le point de départ de l'attaque contre le principe de cette propriété, c'est l'exposition de tout le système de la perception des idées : c'est une reproduction ou une paraphrase des opinions des philosophes et des logiciens sur ce sujet si délicat et si merveilleux de l'organisation intellectuelle, de l'entendement et de la psychologie.

A ce sujet si riche l'on a pour ainsi dire ajouté des richesses nouvelles : l'on a dit des choses merveilleuses, admirables, sur ce qui touche la nature de l'idée, sur son immatérialité, sur l'insaisissabilité du travail qui la produit, sur cette complète liberté qui est dans son essence et qui la rend indépendante de son auteur lui-même, à partir du moment où elle est émise par lui, enfin de cette prise de possession naturelle et *de plano* que chacun en peut, tout aussitôt, revendiquer pour lui-même et pour tous.

Assurément, tout cela est plein d'intérêt et souvent de vérité : d'ailleurs, dans un champ si vaste, l'imagination peut prendre largement ses ébats, sans grande crainte d'être ramenée trop rudement au positif : mais, en conscience, est-ce que là, fut jamais la question? Est-ce que toutes ces belles et nobles choses ont une quelconque application céans? Est-ce qu'elles ne sont pas placées, par leur nature même dans une sphère si haute qu'il n'y peut être question du moindre conflit sur des intérêts purement matériels? Qui donc conteste que la faculté de penser étant le résultat merveilleux de l'organisation constitutive de l'homme, nul d'entre eux n'a droit de se dire privilégié à cet égard? Quel est le cerveau sain qui a pu jamais nier le phénomène si commun *de l'idée simultanée*, c'est-à-dire de cette pensée qui arrive en même temps à deux, à trois, à dix esprits différents, desquels le travail est même parfois séparé par d'énormes distances? Y a-t-il quelqu'un qui ait jamais vu, là, autre chose que l'effet d'une faculté commune, universelle, laquelle exclut le droit privatif? Non certes, et c'est là, sans aucun doute, la plus oiseuse de toutes les thèses!

Rappelons-le donc bien, rappelons-le sans cesse aux adversaires théoriques de la propriété littéraire : Il ne s'agit pas, dans le débat qui la concerne, d'argumenter sur une doctrine philosophique; il ne s'agit pas de discuter sur la nature et les immunités spéculatives de l'idée immatérielle : il s'agit, tout au contraire, de reconnaître et de fixer les droits de l'idée qui, abdiquant, pour ainsi dire, cette nature insubstantielle, est presque devenue matière par la forme positive qu'elle a revêtue; il s'agit de décider ce à quoi peut prétendre, non plus dans le monde intellectuel, mais dans le monde agissant et possédant, l'idée qui est devenue chose visible et sensible, en un mot, l'idée qui s'est faite livre, tableau, statue, opéra et qui a ainsi transformé son essence invisible et insaisissable en une substance parfaitement accessible désormais à nos sens principaux, à l'ouïe, à la vue, au toucher, c'est-à-dire en un objet qui, n'étant plus l'unique produit de notre nature, mais étant devenu celui du travail de l'homme, rentre ainsi, de droit, dans la classe des choses essentiellement susceptibles de possession privative, de commerce et de transmission.

J'en demande humblement pardon aux maîtres de la parole et du raisonnement qui se sont le plus signalés dans l'attaque du droit des auteurs, mais cette distinction si simple qui, bien qu'elle ne soit pas faite d'hier (1) a échappé pourtant à leur haute et fine intelligence, je la dois constater, ici, contre eux, car elle est la base capitale sur laquelle repose toute l'argumentation qui bat en ruine

(1) Déjà, en 1825, un petit écrit très remarquable, publié par M. A. Desprez, sous les auspices du département des Beaux-arts, avait fait sentir tout ce qu'a de judicieux et de réel cette distinction entre la part du public et celle de l'auteur dans toute émission d'une œuvre de littérature ou d'art, entre le domaine voluptuaire de l'œuvre et le domaine utile. Ce livre avait été signalé par moi à l'attention méritée de la Commission, et l'idée avait été presqu'universellement goûtée par ses membres.

Plus tard, et en 1836, dans un autre écrit dont j'ai déjà parlé et que j'aurai plus loin l'occasion nouvelle de citer avec l'éloge le mieux mérité, l'auteur, rev nant sur la même idée, l'a rendue sensible par cette remarque. «... Il aurait été ridicule à Newton de prétendre à ce que nul autre que » lui n'eût le droit d'imprimer que la loi de la gravitation régissait l'univers ; » mais la manière de le dire, de le développer et de le démontrer, *mais » l'œuvre*, LE LIVRE enfin, voilà ce qu'il a pu défendre de copier ou de re- » produire. LE LIVRE, VOILA DONC LA PROPRIÉTÉ EN MATIÈRE LITTÉRAIRE. » Il n'y en a pas d'autre. »

Il était difficile de mieux définir ce qui, dans la publication d'un ouvrage quelconque, doit être considéré comme échéant au public et ce qui reste en propre à l'auteur.

leur système d'attaque au droit héréditaire et perpétuel des auteurs.

Quelles sont, en effet, les raisons opposées avec constance depuis plus d'un demi-siècle par les adversaires de la propriété littéraire et artistique ? Les voici aussi textuellement que possible rappelées et sommairement développées.

L'on a dit : « Les productions de la littérature et des » arts sont, par leur nature même aussi bien que par la » volonté de l'auteur, destinées au public, car toute idée » lui appartient du moment qu'elle est émise. L'auteur » qui met en lumière une idée quelconque ne peut pas » dire que cette idée lui soit propre et personnelle : Tout » au contraire, elle est essentiellement, comme le sont » tous les produits de la faculté de penser, de comparer et » de juger, donnée à l'homme par la nature, chose propre » à tous, et à laquelle tous peuvent accéder : c'est un » fonds commun intellectuel dont chacun a la jouissance » mais dont il ne peut disputer aux autres la possession. » Ce que l'un a pensé l'autre le peut penser également et » il ne peut y avoir, là, une priorité privilégiée. Celui qui » a conçu l'idée avant d'autres peut bien, s'il le veut, la » garder pour lui seul et dans son for intérieur pour en » tirer tel parti qui lui plaît, mais s'il l'émet à l'extérieur » il n'a pas le droit d'en faire l'objet d'un monopole : En » un mot l'idée n'est à personne parce qu'elle est à tout » le monde et celui qui la met en œuvre ne fait qu'édifier » sur le terrain de tous.

» Donc, aussitôt qu'un auteur se décide à faire de son » œuvre l'objet d'une publicité plus ou moins développée,

» il ne fait que rendre au fonds commun ce qu'il en a tiré.
» Du moment que le fait de la publication est accompli,
» l'auteur ne peut plus retenir en propre des idées qu'il a
» livrées à la circulation sociale ; dessaisi naturellement
» aussi bien que spontanément, au profit du public, il ne
» peut plus prétendre à la propriété de cette chose qu'il
» lui a donnée. Plus sa pensée a été bonne et utile et plus
» il est de l'intérêt du progrès et de l'avancement de l'es-
» prit humain qu'elle se propage, moins à aucun titre la
» société doit rester exposée à voir périr, par un caprice
» de l'auteur, cet instrument de civilisation. Toutefois,
» l'auteur doit être, d'autre part et en retour, considéré
» par la puissance sociale comme ayant acquis, par là, des
» droits à une indemnité légitime, à une sorte de récom-
» pense nationale, et c'est au législateur, stipulant pour les
» intérêts de tous, à fixer la nature et l'étendue de cette
» récompense, laquelle doit tout naturellement consister en
» une concession à temps faite à l'auteur par la société
» de la jouissance exclusive de son œuvre jusqu'au mo-
» ment où le domaine public devra en reprendre posses-
» sion. »

L'on a dit encore : « C'est une erreur de croire et de
» dire qu'il n'existe aucune différence entre le droit de
» propriété intellectuelle et la propriété de droit commun :
» ces différences sont nombreuses et frappent l'esprit.
» Considérée dans sa fiscalité, son but, la propriété ordi-
» naire est de sa nature exclusive : elle tend à se concen-
» trer, à se replier sur elle-même en quelque sorte, tandis
» que les créations de l'intelligence tendent au contraire
» à se répandre. Autant la propriété obéit à des préoccu-
» pations, à des calculs étroits, autant l'œuvre de littéra-
» ture et d'art est, de sa nature, expansive. Ce n'est pas

» tout : La propriété telle qu'elle est constituée est un » levier, tandis que les droits de l'auteur sont un obstacle » à ce que la vérité circule et puisse ainsi pénétrer partout : » Enfin, dans le premier cas, la suppression du droit de » propriété mène au despotisme par la route de la com- » munauté des biens, tandis que les fruits de l'intelligence, » en tombant dans le domaine public, vivifient le monde.

» Puisqu'on parle d'assimilation entre ces deux droits, l'on » entend sans doute ne point repousser, soit l'impôt, soit les » droits d'un créancier, la saisie, la vente forcée sous les- » quelles la propriété court risque de s'avilir et change inces- » samment de maîtres. Ainsi le manuscrit, à peine achevé, » sera vendu comme un meuble ou une marchandise au plus » offrant et dernier enchérisseur : que si l'on ne va pas jus- » que-là, pourquoi prétendre alors mettre sur la même ligne » des choses qui ne peuvent relever des mêmes lois? On » arrive ainsi à une propriété équivoque, arbitraire, *sui* » *generis* : or, pour être conséquent, pour éviter, par » exemple, que les petits enfants de Corneille ou de Se- » daine ne donnent un jour le douloureux spectacle du » dénuement, l'on ne peut moins faire que de constituer » des MAJORATS. Qui ne voit tout de suite que la dignité » de l'écrivain perd à ce compte plus qu'elle ne gagne, » sans parler des droits et intérêts de la société ?

» Au surplus, ce qui prouve bien que la propriété litté- » raire est en dehors des principes généraux du droit c'est » le soin même qu'on met à la constituer et à la réglemen- » ter par des statuts spéciaux (1). »

(1) Analyse du Discours prononcé devant le Congrès de Bruxelles par l'un de ses membres les plus éminents.

Voilà bien dans toute leur netteté, les arguments divers en vertu desquels on repousse le droit d'hérédité et de perpétuité en matière de propriété des œuvres et compositions de la littérature et des arts. Et, certes, en entendant ainsi la prérogative des auteurs, les adeptes de cette doctrine sont quelque peu fondés, en logique, à soutenir comme ils le font que PROPRIÉTÉ LITTÉRAIRE est une appellation fausse et impropre, une véritable antinomie qu'il faut faire disparaître à tout jamais et de notre langage et de nos lois.

Mais qu'il me soit permis de le dire, même en présence des sommités intellectuelles qui ont donné à cette thèse de si merveilleux développements : l'esprit, la recherche, le piquant, peuvent être là; la raison, la vérité n'y sont pas. Cette théorie qui a été produite avec éclat, et, plus d'une fois, avec un rare talent de parole et de dialectique, a toujours eu contre elle, dans mon esprit, le tort capital de porter complétement à faux par la raison de principe qui vient d'être indiquée tout à l'heure ; elle n'a jamais pu être, ainsi, pour moi, autre chose qu'un brillant paradoxe. S'il est vrai qu'elle n'impressionna qu'un bien petit nombre des membres de la Commission de 1825, il l'est aussi qu'elle fut plus puissante sur les réunions délibérantes, officielles ou non, qui eurent ou qui se donnèrent, avant et depuis, mission d'agiter la question de propriété littéraire. En dernier lieu, et comme plus récent triomphe, elle a séduit, fasciné le Congrès de Bruxelles, au point d'amener la majorité des membres de cette collection d'hommes éminents dans les hautes classes de l'intelligence et du savoir à renier le droit sur lequel, pour beaucoup d'entr'eux, repose l'avenir de leur famille. Une telle abnégation, bien honorable assurément, lorsque, comme on n'en peut douter ici, elle repose sur des convictions acquises, donne, je le reconnais, un poids considérable à la détermination qu'elle a dictée et doit faire hésiter dans le dessein de contredire, quelque persuasion que l'on sente en soi à l'égard des motifs de cette contradiction. Eh bien ! me voici, toutefois, dominant cette sorte de crainte révérentielle, et tout pénétré du devoir plus impérieux encore de rendre témoignage à ce que je crois être la vérité, la seule vérité en cette matière, me voici, dis-je, tout prêt à combattre de front cette formidable ligue d'esprits supérieurs et à fournir contre elle, à nouveau, les arguments qu'autrefois un zèle analogue me suggéra. C'est que le vrai n'a qu'une forme, qu'un caractère, qu'une expression, et que ce qui le fut une fois ne peut cesser de l'être, au moins en tant que principe.

Donc, je dirai, en toute conscience comme en toute indépendance, que cette idée, que cette doctrine, proclamées par la majorité du Congrès de Bruxelles comme étant le dernier mot de la question et son mode de solution finale, ne me paraissent pas moins à présent qu'elles ne me parurent jadis reposer sur une erreur étrange, sur une équivoque manifeste dont le plus simple bon sens suffit à faire justice.

Je ne demande à mes lecteurs qu'un moment d'attention pour arriver à faire passer en eux sur ce point la conviction profonde qui est en moi.

Assurément, j'accorde, et sans difficulté aucune, car cela est clair comme le jour, que la volonté de tout auteur qui se produit devant le public c'est de lui livrer son œuvre, et qu'une fois cette œuvre émise, elle entre, quant à la pensée exprimée, dans le domaine de tous, sans que l'auteur puisse conserver sur elle l'ombre même d'un droit de retour.

Mais, (et c'est là, comme nous l'avons vu tout à l'heure, c'est là qu'est l'équivoque, là que gisent l'erreur et la confusion), mais est-ce donc que cette tradition est gratuite? Est-ce que l'auteur, en outre de la chose intellectuelle, qui est la pensée et qu'il abandonne au public, n'est pas le maître et le légitime possesseur de la chose matérielle, qui est le livre? Est-ce qu'en échange de cet objet palpable, positif, personnel, fruit de son travail, il ne se réserve pas ce qui en est la contre-valeur naturelle, c'est-à-dire le bénéfice à retirer de la publication? Et qu'est-ce qui peut donc autoriser à dire qu'il ne fait cette réserve que pour lui-même et sous la condition, bizarre autant que dure pour sa descendance, que ses héritiers n'en pourront pas profiter? Cela est trop étrange, trop baroque, dirai-je même, pour être vrai. Non, ce qui l'est c'est que, par le fait de la publication, il intervient, entre le public et l'auteur, un vrai contrat synallagmatique, tacite, sans doute, mais non moins juste et valable pour cela, ainsi que le sont, aux yeux de la loi civile, nombre de contrats qui se forment sans engagement écrit; c'est un véritable marché, c'est-à-dire une convention essentiellement réciproque et dont les conditions ne doivent pas être moins fidèlement exécutées d'un côté que de l'autre; l'auteur donne sa pensée formulée en un livre qu'il émet moyennant un prix déterminé; le public donne son argent pour acheter ce livre, et le contrat, ainsi parfait, s'exécute tant qu'il y a un volume en vente et un acheteur pour en payer le prix.

Quant à ce qu'on appelle le domaine public, c'est-à-dire la communauté, la masse d'où sont sortis les acheteurs du livre, elle a naturellement, forcément, la jouissance de la chose impalpable qui circule, c'est-à-dire de l'idée, au cours, au vol de laquelle, nul, pas plus que l'auteur, ne peut prétendre s'opposer ; quant à sa formule matérielle, c'est-à-dire quant au livre, considéré comme volume, l'acheteur, qui a payé à l'auteur ce volume, le conserve comme étant devenu, par là, sa légitime propriété, de même que l'auteur conserve en propre, à titre de producteur de cette même formule ou du livre, le droit de le reproduire, de le multiplier à l'infini, sans que le domaine public soit plus fondé à le déposséder de ce droit, qu'à reprendre à l'acheteur le livre qu'il a payé de ses deniers. Ainsi, au domaine public la jouissance voluptuaire de l'idée, à l'auteur la jouissance du produit de la publication, à l'acheteur la possession en propre du volume acquis et payé par lui : la juste part de tous est ainsi faite, et il y a, dans la loi commune, sauvegarde pour chacun.

Ceci a lieu, sans conteste pendant toute la vie de l'auteur : Pourquoi donc sa mort romprait-elle le marché si après lui ses héritiers sont d'accord avec le public pour le continuer, si ceux-ci mettant en circulation de nouveaux exemplaires de l'œuvre, et celui-là persistant à la goûter, le même mouvement commercial se perpétue pour l'achat de ces volumes réédités ? Pourquoi, l'auteur mort, les rôles seraient-ils, par cela même, intervertis, et pourquoi serait-ce alors le public qui deviendrait éditeur et l'auteur qui, en la personne de ses représentants naturels, serait obligé de payer le livre ? Non seulement cela serait absurde, presque stupide, en tant que raison, mais il est impossible, en droit, de citer judicieusement un principe, que dis-je, un motif, un prétexte quelconques, en vertu desquels il soit praticable, si l'on veut rester juste, de prononcer cette exhérédation, d'enlever aux héritiers du sang ce droit successif, tout aussi palpable, tout aussi positif, et plus respectable encore peut-être que tous les autres.

Pourtant, ce motif, ce principe, l'on n'hésite pas comme nous l'avons vu à les définir et à les invoquer : « Ils procèdent, dit-on, de cette loi sociale, qui les » domine toutes, la loi de l'intérêt général, et cet intérêt, » il est ici, d'empêcher, que les représentants d'un auteur » fassent obstacle à la reproduction de l'œuvre, de » manière à faire perdre à la société un moyen de progrès » et de civilisation. »

Dérision et inconséquence! Dabord, si vous avez ce droit contre les héritiers pourquoi ne l'avez-vous pas contre l'auteur lui-même? Évidemment, il peut y avoir une vie d'auteur si longue et un ouvrage d'utilité publique si grande que les Éditions s'en soient épuisées, lui vivant, etqu'il y ait dès lors intérêt à ce que de nouvelles soient publiées: Ferez-vous donc, par cette considération, tomber l'ouvrage dans le domaine public même sous les yeux de l'auteur? Vous ne voudriez pas sans doute pousser jusque là l'absurdité, la spoliation? Eh! bien pourquoi plus tard? Encore une fois la mort de l'auteur n'abolit pas son droit et ce droit passe à sa descendance. Vous devez le respecter en elle comme en lui.

Mais, ensuite, que parlez-vous de craintes, de possibilités d'étouffement d'une idée utile, de suppression d'un livre par les héritiers de l'auteur? N'est-ce pas là la plus vaine, la plus puérile des craintes, la plus gratuite des suppositions? Citez donc un seul héritier d'auteur qui ait jamais manqué à faire la reproduction quand elle lui a paru présenter quelque chance de profit, c'est-à-dire quand le livre a été en quelque faveur auprès du public? Que si cette faveur n'existe pas à quoi bon réimprimer? Certes, alors, l'œuvre ne sera pas plus reproduite par les Éditeurs étrangers à la famille que par l'héritier lui-même : Elle le sera moins encore peut-être, car celui-ci peut avoir, pour le faire, des motifs de piété ou d'amour-propre, que l'autre n'aura certainement pas. Vous voyez donc bien que, dans le premier cas vous faites une chose parfaitement inutile, et que, dans le second, vous frustrez l'intérêt du progrès et marchez en sens inverse de votre idée.

Non seulement il n'y a pas à craindre qu'un bon livre ne soit pas reproduit par l'héritier, mais, de plus, et s'il s'agit d'un livre pernicieux, c'est trop souvent par malheur le scrupule moral qui faiblit et l'appât du gain qui pousse à la reproduction. Du reste contre un tel excès les lois communes sont là pour défendre la morale publique outragée et, dès lors, l'on ne saurait tirer en rien argument de ce fait pour combattre la possession des familles : D'autant que ce n'est, en aucune façon, à ce point de vue que les adversaires du droit de perpétuité veulent déposséder l'héritier : ce serait bien plutôt à un point de vue tout contraire, puisque leur but est de faire tomber toute entrave à la reproduction.

Tout ceci mène à conclure qu'il n'est nullement raisonnable de penser qu'il puisse y avoir jamais un héritier d'auteur supprimant volontairement et de dessein prémédité, par défaut de réimpression, un livre quelconque ayant chance d'être lu.

Et quant aux idées utiles de l'œuvre qui pourraient importer au progrès, à la civilisation, en conscience quelle crainte pouvez-vous donc concevoir à leur égard? Est-ce que vous oubliez qu'au moment où vous voulez faire cesser la jouissance exclusive des familles, 40, 50, 60 ans et plus se seront écoulés depuis la première apparition du livre, pendant lesquels (s'il est précieux et important comme nécessairement vous le supposez) déjà des Éditions successives sans nombre en auront été faites, portant les idées développées dans ce livre à la pleine connaissance de tous, et dans le Pays et au delà, conservant l'œuvre dans toutes les Bibliothèques publiques ou privées, enfin lui donnant la plus entière, la plus complète des publicités? Est-ce que, dès lors, et depuis un demi-siècle peut-être, ces idées n'auront pas fait leur chemin dans les masses? Est-ce que l'Esprit de progrès ne s'en sera pas emparé? Est-ce que l'intérêt de la civilisation n'en aura pas fait son profit! Qui donc a le pouvoir d'arrêter le cours d'une idée une fois jetée dans la circulation? Du moment où elle sort publiquement du cerveau de son auteur elle entre incontinent en possession de toutes les imaginations et nul ne s'y peut opposer, car elle se transmet de l'une à l'autre avec toute la rapide puissance de l'électricité. Qu'importe, alors, qu'on ne la revête pas une fois, deux fois de plus de sa forme matérielle si toute sa portée intellectuelle a été produite?

Et vous voulez qu'après ce demi-siècle écoulé, qu'en présence du fait de cette diffusion complète, immense, de la pensée du livre, un héritier ait l'idée folle, niaise, la prétention d'enfant d'étouffer l'œuvre en ne la faisant pas réimprimer?... Mais, véritablement c'est de croire que cela puisse sortir d'un cerveau quelque peu sain qui serait de la folie !

Encore, si c'était la communauté qui, en consommant cette grande injustice de la confiscation sans motif du droit des familles, recueillît elle-même le bénéfice de la spoliation exercée, de manière à pouvoir ainsi le répartir sur tous, du moins, alors, l'héritier déchu y trouverait, avec sa faible quote-part individuelle, sa satisfaction de donateur social !

Mais non ! Ce n'est pas même le public qui vient exclure la famille de l'auteur : ce sont quelques individualités qui héritent en son lieu et place sans avoir à faire valoir d'autre titre à cela que le titre de spéculateurs ; car, remarquons-le bien, ces bénéfices de la publication qui, pour servir non pas d'excuse, c'est impossible, mais de prétexte à l'exhérédation légale devraient profiter à la généralité, viennent, tout au contraire, se concentrer dans les mains du très petit nombre, c'est-à-dire de quelques libraires, s'il s'agit d'une œuvre de science ou de littérature proprement dite, de quelques entrepreneurs de spectacle s'il s'agit d'une œuvre dramatique, et de quelques éditeurs s'il s'agit d'une œuvre musicale.

Eh bien ! ne craint-on pas de dire, puisque le droit de reproduction est tombé dans le domaine public, que les héritiers de l'auteur ne se mettent-ils en devoir d'en profiter comme tous autres qu'eux le font ou le peuvent faire? Ceci, assurément, n'est pas une réponse au reproche de spoliation ; mais ensuite quel pauvre argument ! Vous demandez pourquoi les héritiers ne se feraient pas eux-mêmes éditeurs des œuvres de leur chef de famille ? La réponse est bien simple : c'est qu'en fait ils ne le pourraient pas ; il faut pour éditer utilement un livre ou une partition, et surtout les éditer en concurrence, remplir des conditions d'habitude, de pratique spéciale, de savoir-faire, de notoriété, de relations, de clientèle qu'évidemment peuvent seuls réunir les hommes, en petit nombre, qui font de cela leur profession exclusive. Il pourra bien, à la rigueur se rencontrer parfois que l'héritier d'un auteur se trouve, par hasard, dans ces cas là, mais ce ne sera qu'une circonstance particulière, qu'un fait exceptionnel, isolé, lequel ne peut à aucun titre être pris comme base d'un raisonnement sur la règle générale.

Cette règle, c'est que pour les œuvres dont le domaine public fait sa proie, après quelques années seulement de jouissance par l'héritier, ce sont des spéculateurs qui s'en emparent et qui les éditent à leur compte exclusif et personnel ; trop souvent même pour l'honneur du livre et l'honneur de la librairie, quelques-uns le sont avec si peu d'entente, de soin, de dignité, eu égard au mérite intrinsèque de l'œuvre, que les mânes du pauvre auteur pourraient leur crier avec le poète :

« Ah ! doit-on hériter de ceux qu'on assassine ! (1) »

(1) Cette application du vers si connu de l'un de nos grands tragiques n'est guère, je le confesse en toute humilité, qu'un plagiat de ma part : elle a été faite avant moi, sinon tout à fait dans ce sens, au moins dans un sens très analogue et sur la même matière, par un membre de la Commission royale de 1825, l'honorable et excellent artiste dont j'ai déjà cité le nom, M. Champein. Dans un factum plein de verve par lui composé pour la Commission, imprimé aux frais de celle-ci, et où il soutenait avec ardeur le droit de perpétuité des auteurs, c'est au domaine public qu'il adressait, à la fin d'une vive apostrophe, le vers de Crébillon. La sympathie profonde que m'inspira le digne auteur de cette allusion me fait trouver aujourd'hui un double plaisir à la faire revivre, car c'est une occasion nouvelle et de parler de lui et de rendre hommage à sa mémoire.

Donc, je dis que lorsque nombre d'esprits, trompés par ce mirage du domaine public, s'imaginent que c'est, en effet, la communauté qui fait son profit de la disposition légale d'après laquelle les productions de la littérature et des arts sont arrachées à l'auteur en la personne de ses héritiers, c'est, en réalité, la spéculation seule qui récolte les fruits de cette moisson du génie : ce sont des hommes (dont, au reste, je n'entends nullement contester la valeur morale, ni au point de vue du mérite, ni à celui de l'honorabilité de caractère), qui recueillent exclusivement le profit des œuvres d'un auteur, avec lequel ils n'eurent jamais aucune affinité et dont pourtant l'esprit et le travail font leur propre fortune, souvent considérable, lorsque les descendants de ce grand écrivain ou de ce grand artiste languissent et meurent dans la misère. C'est ce scandale social, honte de la raison et de la justice, qui ne cessera d'exciter la douleur et la verve indignée des amis du bien, des lettres et des arts, tant que le bon sens et l'autorité des législateurs de tout pays n'en auront pas fait, à tout jamais, disparaître la déplorable cause.

On le voit maintenant, de manière à ne pouvoir conserver aucun doute, il n'y a pas plus de rationalité ni de vérité dans l'idée qui se prévaut d'avoir attribué au public le profit des œuvres de l'auteur décédé, que dans l'idée qui consiste à considérer la marche du progrès comme entravée par l'exercice du droit exclusif de reproduction par les familles ; l'une et l'autre ne sont en réalité qu'un leurre évident, une sorte de grossier trompe-l'œil intellectuel, auxquels il est vraiment bien extraordinaire que tant d'hommes de sens, d'esprit et de pénétration, se soient laissé prendre pendant si longtemps !

Arrière, ainsi, à tous les titres, cette crainte sans raison, sans logique, et sans fondement quelconque, à l'aide de laquelle on arrive à dépouiller l'héritier légitime sans avantage aucun pour l'intérêt général ! Arrière, à tout jamais, cette chimère, ridicule à force de non-sens, cette vaine et puérile fantasmagorie du domaine public en matière littéraire, dans les ombres capricieuses de laquelle l'on s'efforce d'ensevelir un droit sacré pour la seule satisfaction d'une idée fausse ! Et vous, qu'un sentiment, louable assurément dans son principe mais qui s'égare dans son application, a entraînés dans cette voie, daignez, je vous y convie pour votre propre satisfaction de conscience, daignez y réfléchir plus mûrement ; tâchez, hommes de lumières et de progrès, que séduit, que transporte, avec raison, le zèle des idées généreuses et libérales, de faire mieux accorder entr'elles vos inspirations et vos doctrines ! Soyez conséquents avec vous-mêmes, et quand vous portez si hautement les principes d'équité naturelle et de liberté, (lesquels, croyez-le bien, ne me sont pas moins chers qu'à vous-mêmes) gardez-vous mieux désormais contre une surprise de votre jugement qui compromet l'équité de votre cœur ; cessez, cessez de vouloir faire ici de l'injustice et de l'arbitraire sans avoir même pour excuse (si jamais, d'ailleurs, c'en pouvait être une !) la plus légère raison d'intérêt commun et d'utilité publique !

Je me flatte d'avoir fait disparaître, même de l'esprit le plus prévenu mais qui a conservé néanmoins sa lucidité, tout scrupule sur ce qui se rapporte à l'intérêt du progrès, pour le cas où la perpétuité, une fois admise, donnerait aux héritiers le droit exclusif de réimpression pendant un temps indéfini ; et, certes, la thèse de la parfaite innocuité de ce même droit à l'égard de la liberté de circulation des idées utiles doit rester, à toujours, au nombre des vérités acquises.

Eh ! bien, cependant admettons qu'il n'en soit pas ainsi ; faisons, s'il le faut, cette concession, si gratuite pourtant, de considérer l'intérêt dont il est question comme pouvant être mis, parfois, en péril par la conséquence trop absolue du principe de la perpétuité : quel avantage pourraient en tirer les adversaires de ce principe ? Aucun, évidemment, et voici pourquoi :

Quelque graves que soient les objections bien souvent élevées par les meilleurs esprits contre l'exercice de ce droit destructeur de la propriété privée des citoyens qu'on appelle LE DROIT D'EXPROPRIATION POUR CAUSE D'UTILITÉ PUBLIQUE, je ne refuse nullement d'accorder, ici, qu'une fois la raison d'utilité bien établie, l'on en peut faire résulter, en nombre de cas, en tous même si l'on veut, un droit modificateur de la jouissance des droits privés : seulement, je constate que cette faculté de restreindre ou de transformer la possession ne saurait se dire antérieure ou supérieure au droit même de posséder, c'est-à-dire au droit de propriété : elle n'en est, elle n'en peut être, je le répète, qu'une modification, à certains égards et sous certaines conditions : c'est une exception à la règle et pas autre chose. La preuve c'est qu'avant tout il faut que le propriétaire soit mis en jouissance de la valeur qui est réputée l'équivalent de la propriété qu'on lui enlève et que, sans cela, il peut se refuser à la cession de son bien : « *juste et* PRÉALABLE *indemnité*, » dit la loi.

Quoi qu'il en soit de cette observation, qu'il était bon de

noter, et en prenant le droit d'expropriation pour ce qu'il est dans la loi existante, je dis qu'il offre, manifestement, un moyen aussi simple que légal de prévenir toute espèce d'abus de la faculté exclusive de réimpression délaissée aux familles.

En effet, que, par la loi même qui consacrera le droit perpétuel héréditaire, il soit statué « qu'en vertu du prin-
» cipe d'utilité publique, toujours le pouvoir gouverne-
» mental aura le droit discrétionnaire d'ordonner et de
» faire exécuter, directement ou par intermédiaires, la
» réimpression de tout ouvrage auquel il aurait jugé
» qu'appartient ce caractère d'utilité générale, et dont la
» famille de l'auteur aurait négligé, involontairement ou
» à dessein, de faire, depuis la dernière édition publiée,
» une édition nouvelle, après un certain temps que la loi
» déterminerait, dix ans par exemple. »

Cette faculté de réimpression légale le gouvernement est en possession de deux moyens alternatifs de l'exercer avec toute facilité et utilité. Voici le premier :

Après mise en demeure de l'héritier (auquel il aura été imparti un délai de grâce d'une année pour faire lui-même la réimpression) et ce délai de mise en demeure expiré sans exécution, le gouvernement mettra en adjudication publique aux enchères, sur une seule publication, le droit d'éditer le livre à un nombre déterminé d'exemplaires : auxquelles enchères seront admis tous libraires ou spéculateurs présentant les garanties qui auront été spécifiées au cahier des charges dressé à cet effet, pour, le bénéfice de l'édition appartenir à l'adjudicataire, sauf le prélèvement des frais d'adjudication et d'un droit modique, par feuille, réservé à l'héritier.

Tous les jours, pour ainsi dire, le gouvernement, par l'entremise des administrations publiques, use de moyens analogues pour traduire en espèces des droits mobiliers lui appartenant, et par conséquent la mesure proposée n'a rien que de naturel, de régulier et de parfaitement exécutable.

A défaut de ce mode d'exécution il en peut être employé un autre encore plus simple et que voici :

Toujours après le préalable de la mise en demeure de l'héritier, le gouvernement fera exécuter par l'Imprimerie impériale la réimpression : la direction de cette imprimerie en confiera le débit à ses libraires habituels moyennant les commissions d'usage et, sauf la réserve du même droit par feuille qu'au cas ci-dessus dont le versement sera fait ès mains de l'héritier, le surplus du bénéfice de l'édition sera versé dans l'une des caisses de secours des gens de lettres : disposition que légitimeraient, d'une part, la raison d'humanité et de bienveillance gouvernementale envers les nécessiteux de la littérature, et d'autre part, cette sorte de juste mulctation qu'aurait encourue et méritée l'héritier par son insouciance ou son opposition systématique aux intérêts de la diffusion des lumières.

Je ne parle, bien entendu, dans tout ce qui précède, sur le point présentement traité, que de ce qui se rapporte aux livres et aux gens de lettres, car ce n'est qu'à eux, en effet, que, lorsqu'on s'occupera d'une loi nouvelle sur le droit des auteurs, pourra s'appliquer cette dérogation au droit exclusif héréditaire.

Quant aux productions des arts, la prétention de limiter en la personne des héritiers la jouissance perpétuelle absolue du droit de les reproduire est une de celles qui ne comportent pas la discussion sérieuse, tant l'erreur en est visible, et, véritablement, il faudrait s'étonner de l'innocence des raisonneurs successifs qui ont admis cette limitation, si l'on ne considérait comme le résultat d'une involontaire confusion la disposition qui accolle les productions des lettres avec les productions des arts. Évidemment, sans cette sorte de distraction, jamais l'on n'aurait vu échapper des mains des héritiers de nos grands peintres, de nos statuaires renommés, ou de nos compositeurs célèbres le légitime et glorieux profit de leurs œuvres immortelles : s'il est, certes, bien vrai que ces œuvres qui font partie de notre gloire nationale, ont un droit presque sacré à la protection sociale, en quoi leur reproduction, plutôt par l'action du domaine public que par celle des représentants naturels de l'auteur, peut-elle importer à l'intérêt général? Croit-on que la gravure d'un tableau du Poussin, de Jouvenet, de Greuse, de David, ou la reprise d'une partition de Lully, de Gretry, de Méhul seraient compromises dans l'avenir pour appartenir à leurs familles plutôt qu'aux marchands d'estampes ou aux éditeurs de musique? Pour mon compte, je n'en crois rien du tout et je pense qu'en y réfléchissant quelque peu tout le monde sera de mon avis.

En tous cas, et si l'on tient au contraire à vouloir ranger dans la même catégorie la reproduction des œuvres de la littérature et celle des œuvres des Beaux-Arts proprement dits, alors s'appliquerait sans aucune difficulté à ce dernier cas ce que je propose pour le premier, c'est-à-dire que le gouvernement pourrait, ou mettre ces reproductions à l'enchère, ou les faire exécuter par ses artistes préférés, ou enfin, et mieux encore, les mettre au concours.

Une semblable mesure une fois admise, je ne vois pas en vérité quel motif d'opposition raisonnable pourrait rester aux contradicteurs.

Mais suivons, épuisons la série des argumens fournis contre le principe même de la propriété Littéraire.

Et d'abord prenons celui qu'on tire des différences spécifiques signalées « *entre la propriété de droit commun* » *et le droit de propriété intellectuelle.* »

Je commence par supprimer du débat, ce terme de PROPRIÉTÉ INTELLECTUELLE, lequel n'est bon qu'à y entretenir la confusion. Du moment qu'il est accordé qu'en Thèse générale et absolue, le produit de l'intellect, c'est-à-dire l'idée, n'est susceptible d'aucune possession privative, l'accoler au mot de propriété est une grosse faute de logique et de langage, de laquelle il faut soigneusement s'abstenir, pour ne pas courir le risque de mettre, par les mots, du désordre dans les choses.

Quant à l'expression de Propriété Littéraire, son radical n'est pas, il est vrai, grammaticalement parlant, beaucoup plus que celui de l'autre expression, rapproché de l'idée qui représente le droit d'un auteur dans sa matérialité, c'est-à-dire le droit sur le livre émané de lui, mais, comme néanmoins un usage général l'a consacrée en ce sens, je l'accepte au même titre : voilà donc qui reste bien entendu.

Les différences caractéristiques sur lesquelles on appuie

l'inassimilabilité des deux propriétés, sont de deux sortes.

« En premier lieu, vient celle qui résulte du contraste
» que présente à l'esprit la nature étroite, égoïste, de la
» propriété commune, rapprochée de la nature large,
» expansive de la propriété littéraire : l'une cherchant
» par son but, c'est-à-dire par sa fiscalité, à se con-
» centrer, à se replier sur elle-même pour s'absorber
» dans un intérêt tout personnel : L'autre au contraire,
» tendant constamment à se répandre et à se communiquer
» au plus grand nombre possible. » Voilà bien fidèlement l'esprit, même les termes de l'objection dont il s'agit.

Examinons et discutons : Nulle part mieux qu'ici l'on ne peut juger du besoin de s'entendre, avant tout, sur les mots : Voici en effet, des définitions et des rapprochements qui, à certains égards, seront irréprochables quand on voudra comparer le droit de l'idée avec le droit commun, la propriété intellectuelle avec la propriété littéraire, mais qui n'ont plus, dans notre espèce, ni vérité, ni application, du moment qu'il s'agit de mettre en parallèle la nature du droit d'un individu quelconque à la possession de son champ, de sa maison, d'un titre mobilier, etc., avec le droit d'un auteur sur son livre, comparer en un mot, la *propriété de droit commun* avec la *Propriété Littéraire.*

Dans ce dernier cas, qui est le nôtre, si l'on peut parvenir à soustraire son esprit aux erreurs originelles des adversaires de l'hérédité, à secouer l'opiniâtre préoccupation qui ne leur montre de la propriété littéraire que son élément intellectuel insusceptible par lui-même d'être possédé en propre, et leur dissimule l'élément matériel qui seul eut pu lui donner un véritable caractère de possession privative, c'est-à-dire de propriété véritable : si l'on veut, dis-je, sortir enfin de cette confusion que j'ai signalée plus haut et d'où procèdent tous les malentendus, alors manifestement l'on trouvera non seulement que la différence prétendue entre les deux genres de propriété n'existe pas sous les rapports indiqués, mais encore, qu'au fond, le caractère des deux propriétés est essentiellement identique en toutes choses, quant à l'utilité matérielle.

En effet, l'intérêt visible, palpable du propriétaire d'une maison, d'un champ ou même si l'on veut, simplement d'un capital, c'est tout à la fois d'en conserver la valeur ainsi que la possession, et d'en tirer le meilleur parti possible : Je ne parle pas ici, des abus de la propriété, je parle de son légitime usage : Je ne parle pas de ces hommes avides outre mesure, plus ardents peut-être encore dans les désirs d'envahissement du bien d'autrui que dans les souhaits de fructification de leur propre bien, poussant au delà de toute borne de raison, de modération et trop souvent d'honnêteté, l'application au soin judaïque d'agrandissement indéfini de leur patrimoine aux dépens de tout ce qui les entoure. A ces propriétaires là peuvent sans doute faire allusion sur beaucoup de points les définitions peu charitables qu'on donne plus haut du caractère de la propriété en général et qu'on aurait dû réserver pour des exceptions, trop nombreuses peut-être, mais qui pourtant ne sont après tout que des exceptions. Je ne parle moi, que du propriétaire qui sait se respecter lui-même par le respect du droit des autres, qui use de son bien en toute conscience et en bon père de famille, qui tient à son propre droit parce que c'est le fait d'un homme ferme et juste, mais qui sait aussi, avec le sentiment du chrétien et du citoyen, faire, suivant les cas, de nobles sacrifices à l'esprit de charité où à l'intérêt du pays. Ce propriétaire là c'est celui selon mon cœur, c'est celui que j'aime à considérer comme formant la classe commune, et ce n'est pas à cette propriété que peut s'appliquer judicieusement le reproche de cette étroitesse, de cet égoïsme que l'objection à laquelle je réponds présente comme étant le caractère nécessaire de la propriété de droit commun.

Cela étant, je dis qu'il n'y a véritablement aucune disparité sensible entre les tendances du propriétaire commun et celles du propriétaire d'une œuvre Littéraire. Je dis qu'à chacun d'eux arrive la même pensée, que dans chacun d'eux se développent des désirs analogues: Si le possesseur d'un champ y souhaite voir mûrir une riche moisson ; si le possesseur d'une maison cherche à y loger le plus grand nombre de locataires utiles (sans élever bien entendu de trop dures exigences à l'égard de chacun d'eux, auquel cas il sort du légitime droit d'usage pour tomber dans l'abus répréhensible); si enfin le possesseur d'un capital s'applique à faire produire à son argent les meilleurs résultats possibles sans donner dans l'usure, n'est-il pas clair comme le jour que le possesseur du droit de publication d'une œuvre Littéraire, ou autre, est animé du même esprit, se donne des soins pareils, aspire à de semblables avantages? N'est-il pas visible qu'il cherche à multiplier les exemplaires de son livre, les représentations de son drame, les éditions de sa partition musicale, etc., à se faire, en un mot, par les moyens qui sont en son pouvoir le plus grand nombre possible de lecteurs, de spectateurs, d'auditeurs, et tout cela dans un but qui se rapproche essentiellement du but de tous les autres possesseurs, celui de tirer de sa chose le meilleur parti que faire se peut, d'y gagner honorablement tout ce qu'il est raisonnable d'en attendre. L'utilité, je le veux bien, est d'une nature complexe pour ce qui regarde l'usage de la propriété Littéraire ou artistique : en même temps que cet usage enrichit l'auteur comme propriétaire, il accroît sa gloire, sa renommée comme écrivain, comme compositeur, comme artiste. Il apporte également à la masse des citoyens, ces jouissances intellectuelles, et cette illustration nationale qui sont, pour elle aussi, de réelles et splendides richesses ; mais tout cela ne change pas, n'altère en rien la nature du résultat d'intérêt matériel pour l'auteur. Tout cela ne peut avoir que cet effet de rendre sa propriété plus respectable encore que l'autre aux yeux de la société, et non pas celui de lui enlever la similitude, qu'elle tient d'ailleurs de la nature des choses avec la propriété de droit commun.

Mais l'on insiste et l'on argue d'une seconde différence : « *La propriété commune est un levier tandis que les droits de* » *l'auteur sont un obstacle à ce que la vérité circule et puisse* » *ainsi pénétrer partout.* »

Voilà de ces propositions tranchantes, magistales, absolues, par lesquelles on frappe les esprits qui suivent, obéissants, la foi du maître, et sous l'apparente autorité desquelles on étouffe parfois de très réelles vérités.

Que la propriété commune soit un levier, je le veux bien, si l'on m'accorde que la propriété privative n'en est pas un moindre, ainsi que je l'ai si clairement démontré (pages 47-48) et si l'on consent à réserver la question de droit et d'équité sociale.

Mais où je suis plus difficile c'est sur ce qui touche cette autre partie de la proposition qui place les droits de l'auteur en obstacle à la circulation, à l'expansion de la vérité : disons en passant que l'on aurait pu, en toute conscience ajouter, « OU DE L'ERREUR ; » car, c'est, après tout, faire la partie trop belle aux livres que d'admettre que tous, de règle absolue, ne contiennent et ne répandent que la vérité : l'on peut, même étant fort ami des lumières, avoir des doutes à cet égard, et, quant à moi, j'ai toujours cru, je le confesse, que, par une triste tendance de la nature humaine à laquelle les philosophes auront bien de la peine à la soustraire ; car cette tendance n'a de contrepoids que dans l'idée religieuse qui leur est si peu sympathique, le mal n'avait, ici-bas, guère moins de puissance et d'action expansive que le bien, si tant est qu'il n'en eût pas plus : que, par conséquent, le progrès était presque toujours parallèle dans les deux principes et qu'il s'en suivait que, sous le rapport purement humain, la thèse de la perfectibilité indéfinie de l'Être créé, si elle n'était pas une exagération de l'orgueil, devait être une chimère de l'idéologie.

Quoi qu'il en soit, admettons avec l'auteur de l'argument, que la vérité seule est en jeu dans la liberté de circulation des productions littéraires, et cherchons à nous rendre bon compte de l'entrave réelle que met à cette circulation le droit des auteurs.

Ici, je pourrais me borner à renvoyer le lecteur aux pages de ce livre où sont exposées d'une manière que je crois irréfutable les raisons qui font voir comment l'usage de la faculté exclusive de réimpression, réservée aux héritiers, ne peut nuire sous aucun rapport à la publicité de l'œuvre et enlever au domaine public un atome de son droit de main-mise intellectuelle. Mais je veux aller plus loin encore et aborder une considération qui est, je le pressens, au fond de l'idée sur laquelle repose l'objection que j'examine.

Cette considération c'est celle des conséquences du monopole des héritiers en ce qui concerne le prix auquel le livre sera mis à la disposition du public. On se dit apparemment que l'appât du gain amènera le possesseur du droit d'éditer à exagérer ce prix et que dès lors l'œuvre ne sera plus accessible à un aussi grand nombre d'acheteurs, et partant, de lecteurs.

D'abord, je n'admets pas que l'inintelligence de l'éditeur, libre ou privilégié, aille jusqu'à méconnaître le bon effet si visible aujourd'hui pour tous, de la pratique usuelle de la librairie relativement au bas prix des ouvrages substitué à la valeur exorbitante qui précédemment signalait la mise en vente de la plupart d'entre eux. Évidemment aujourd'hui, l'éditeur qui voudrait vendre, même un livre nouveau, à des prix exagérés et en dehors des usages admis, ferait une très mauvaise opération et s'exposerait à voir l'édition lui rester pour compte. L'on ne voit donc pas pourquoi il s'exposerait à ce risque et il faut reconnaître au contraire que l'instinct et la voix de son intérêt l'amèneront tout naturellement à faire comme tout le monde.

Que ceci soit plus ou moins heureux ou regrettable; qu'avec certains économistes l'on doive, en général, considérer le bas prix des choses comme une preuve de progrès et de prospérité, ou qu'avec d'autres on n'y voie qu'un très fâcheux résultat de la folle concurrence et un symptôme de gêne générale de l'industrie, précurseur de grandes catastrophes pour elle ; telle n'est pas ici la question : si j'avais à la traiter, j'avoue que ce serait probablement dans ce dernier sens, car, à mes yeux et comme je l'ai dit ailleurs (1). « La réduction successive des prix de » vente, si elle ne trouve bientôt quelque point d'arrêt » infranchissable, finira par la ruine universelle de la fabri» que après avoir produit, comme déjà elle l'a fait, sa dé» cadence rapide au point de vue de la qualité des produits, » le moindre prix étant constamment compensé par le » mauvais usage, d'où il suit qu'il n'y a là vraiment qu'une » dégénérescence au lieu d'un progrès. » La librairie, pas plus qu'une autre branche de production, n'est à l'abri des effets de ce triste état de choses et sans parler de la forme typographique, tombée, à tant d'égards, dans les allures de la pacotille, le fond lui-même, c'est-à-dire la bonne correction, souffre bien fréquemment de cette sorte de composition et de révision à toute vapeur qu'impose la nécessité de livrer vite et à vil prix. Je n'invente pas et je peux citer mes autorités : En tête de ma liste je mets M. L. Hachette (et celui-là personne n'aura l'idée de le récuser !) déclarant publiquement « que les choses en sont arrivées, par » l'extrême modicité des prix, au point de ne pouvoir ré» munérer convenablement la main-d'œuvre » et « que » les bons correcteurs ne sont chaque jour plus rares que » par cela même qu'ils ne peuvent plus être rétribués » d'une manière équitable. » Où cela mènera-t-il à la fin, l'art typographique et la librairie ? Je ne sais trop, mais je doute fort que ce soit au progrès. Ce qui est avéré, c'est que bien des hommes de sens voués à la pratique de cet art précieux et de la noble industrie qui lui sert de vé-

(1) Écrit publié en 1856, sous ce titre : DES FUSIONS ET DES GRANDES COMPAGNIES, et agréé pour la bibliothèque de la Chambre de Commerce de Paris.

hicule s'inquiètent à bon droit de cet état de choses et se préoccupent très vivement du remède possible à y apporter. Les hommes qui tiennent au bon goût en littérature, voire même les moralistes, ne devraient pas être les derniers à s'en préoccuper également; quel ne peut pas être, en effet, sur la valeur morale ou littéraire des productions du jour, cette hâte excessive de travail qui est devenue l'habitude presque universelle des producteurs, entraînés qu'ils sont par le mouvement, et ne pouvant, vu la modicité de la rétribution de l'écrivain, trouver quelque profit acceptable de leurs labeurs qu'en multipliant à l'infini leurs publications dans le moindre espace de temps possible? Ne doit-il pas résulter de là, un grand relâchement dans les sévérités sur soi-même qui font le livre plus parfait, l'œuvre plus digne du public? Ce sera vraiment merveille si, au bout de cette course au clocher littéraire, il n'y a pas presqu'autant de chutes mortelles que de coureurs éperdus (1).

Au demeurant, je le répète, ce n'est pas ici la question : je prends le fait tel qu'il est et pour ce qu'il est : J'accepte, pour le besoin de la discussion actuelle, l'existence de l'état présent des choses, en ce qui concerne cette tendance à peu près universelle de la librairie à produire et à vendre au rabais, et je dis qu'il n'y a aucune raison pour penser que les éditeurs pris exclusivement dans la descendance de l'auteur, ne se conformeront pas à l'usage général : je soutiens, au contraire, que tout les y portera et que les

(1) Publications hebdomadaires dans les recueils à 5 et 10 centimes. Quelques-uns de ces recueils doivent être mis dans une honorable exception, et au premier rang se place le JOURNAL POUR TOUS, qui n'a cessé de se faire distinguer autant par ses bonnes tendances morales que par sa rédaction châtiée et de bon goût!

exceptions, s'il y en a, seront si rares qu'elles ne sauraient entrer en ligne de raisonnement.

Mais dira-t on sans doute, le bas prix n'est possible, n'est véritable que pour ce qui concerne les livres tombés dans le domaine public, parce que ce bas prix est une suite de la libre concurrence entre les éditeurs. Erreur! de grâce ouvrez donc les yeux! voyez donc chaque jour et de tous côtés toutes ces productions nouvelles sortant avec une fécondité (parfois bien malheureuse c'est vrai, mais là n'est pas la question) des cerveaux ardents de notre jeune littérature, vous n'en citeriez pas une qui ne se soit mise au courant de l'usage et qui ne soit offerte aux prix communs.

Si donc les auteurs eux-mêmes ont ainsi compris la situation et suivent sans difficulté cet usage qu'ils jugent apparemment bon et convenable au placement plus facile de leurs compositions, il est certain que leurs représentants seront tout aussi avisés, surtout ayant de moins, pour les en détourner, cette raison d'amour-propre qui, en général, porte un auteur à vouloir que ses livres ne se vendent pas au rabais.

Insiste-t-on, pourtant : veut on qu'il y ait des représentants d'auteurs, assez ignorants ou ennemis de leur propre intérêt pour adopter un parti qui doit nuire au développement utile de la vente du livre édité par eux, en en élevant le prix au-delà du taux qui rend cette vente possible? D'abord, évidemment, ce ne serait pas là un motif plausible pour prendre, comme application générale, une mesure qui dépouillerait la masse des familles, car il ne sera jamais ni juste ni généreux de faire peser sur ceux qui restent dans le bien la faute de ceux qui en sortent; cela ressemble un peu trop à la morale du loup à l'endroit de l'agneau, et ces législations brutales qui sacrifient l'innocent pour atteindre le coupable ne sont pas de notre temps; si quelque part et à quelque époque, elles ont marqué leur passage par la malédiction des hommes et par les flétrissures de l'histoire, espérons bien que leur règne est à jamais passé.

Mais, ensuite, certes l'embarras ne serait pas grand de pourvoir, par une mesure d'exception, à ce cas exceptionnel, et de faire qu'il restât sans danger, sans dommage, tout à la fois, pour le droit des familles et pour la cause du progrès. Il suffirait, effectivement, d'introduire dans notre législation littéraire, la disposition qui, depuis cent cinquante ans, existe dans la législation anglaise sur ce même sujet (Édit de la reine Anne du 8 juillet 1708). Cette disposition qui a pour but « *de garantir le public contre les exigences du monopole,* RÉSERVE AU GOUVERNEMENT LE DROIT DE BAISSER LE PRIX DES LIVRES, *si les éditeurs privilégiés veulent les coter à un prix trop élevé.* »

Ceci est bien, à vrai dire, une atteinte à la liberté des possesseurs du droit exclusif de publication, mais, d'autre part, il y a pour couvrir et légitimer cette atteinte, la raison toute naturelle de l'intérêt général, l'irrésistible argument du bien public.

Il n'y aurait pas de bonne foi à contester qu'une semblable disposition introduite dans notre code littéraire serait la garantie la plus efficace contre le risque, à peu près imaginaire d'ailleurs, de la hausse exagérée du prix des livres utiles à l'avancement des idées.

Cette démonstration complète ma réponse à la première des objections ci-dessus analysées, car elle établit, d'une part, que, dans son but de fiscalité, la propriété littéraire est de nature identique à la propriété de droit commun : d'autre part, que, dans ses conséquences à l'égard du progrès, elle n'implique en aucune façon l'idée ni la réalité « d'un obstacle à ce que la vérité circule et puisse pénétrer partout. »

Je passe donc à la seconde objection, au très singulier argument qu'on prétend tirer de ce que l'assimilation entre ces deux natures de propriété, si elle était réelle, obligerait à en faire sortir les mêmes conséquences légales, c'est-à-dire à *« ne point repousser, à l'égard de la propriété littéraire,* *» l'application de ces suites nécessaires qui sont celles de la pro-* *» priété en général, à savoir* L'IMPÔT, LES DROITS D'UN CRÉAN- » CIER, LA SAISIE, LA VENTE FORCÉE, MÊME CELLE D'UN MANUS- » CRIT A PEINE ACHEVÉ. » Toutes choses que l'auteur de l'objection considère, apparemment comme autant de non-sens et d'impossibilités, puisqu'il est amené à se poser, à ce sujet, l'espèce de dilemme que voici : *« Si l'on ne va pas* *» jusque-là, pourquoi prétendre mettre sur la même ligne des* *» choses qui ne peuvent relever des mêmes lois ? »*

Il y a toute apparence que ce raisonnement a pesé pour beaucoup dans la balance du Congrès de Bruxelles et a rendu trop léger le plateau du principe de la propriété littéraire. C'est, en effet, surtout par la raison d'inassimilation avec la propriété de droit commun que le droit héréditaire et perpétuel des auteurs a subi devant le Congrès la triste défaite dont j'aspire à le relever.

Il s'agit donc, là, de l'une des plus grosses difficultés de ma thèse, au moins par l'importance du fait ; quant à l'importance logique, je ne la mets pas au même rang et c'est parce que je trouve le cas peu embarrassant que j'aborde sans trop de crainte l'examen qu'il comporte. Autrement, moi qui n'aurais garde de me croire un argumentateur de la force de celui qui s'est chargé de faire valoir l'objection, moi qui, eu égard à sa position dans la science, ne suis qu'un pygmée en face d'un géant, je n'oserais, par crainte d'échouer autant que par modestie, engager cette lutte périlleuse, cette sorte de combat corps à corps contre le maître. Ce ne peut être dès lors que, protégé par la faiblesse même de la difficulté à résoudre, et tout en conservant le sentiment de mon infériorité, que j'entre dans la discussion.

Qu'on veuille donc bien ne pas s'étonner si, m'adressant à l'auteur de l'objection que j'examine, je lui demande humblement la permission de retourner son argument contre lui-même, en lui faisant observer que c'est précisément parce que je ne vois aucune difficulté réelle à donner à la propriété littéraire toute cette suite qui paraît l'effrayer si fort (en vérité, je m'épuise à deviner pourquoi !), que je crois à sa parfaite assimilation à la propriété de droit commun. Il n'est vraiment, que je sache, personne qui, jamais avant lui, ait conçu cet effroi ; jamais, que je sache, depuis que la loi française a reconnu dans les auteurs et leurs héritiers un droit de possession exclusive pour un temps d'une certaine durée (lequel, en quelques cas, peut aller jusqu'à plus d'un demi-siècle), il ne s'est révélé une seule de ces impossibilités légales qui semblent préoccuper si fort l'auteur de l'argument et faire dans son esprit matière à si gros paralogisme dans la thèse d'assimilation des deux natures de propriété. Il est assurément à regretter pour la simplification du débat à son point de vue, que la haute sphère où se développe sa magnifique intelligence le tienne éloigné du mouvement des affaires et surtout de celles qui s'agitent dans le cabinet des avocats, dans les études de notaires, d'avoués ou d'agréés, dans l'auditoire des tribunaux civils ou de commerce; sans cela il ne serait pas aussi étranger qu'il le paraît aux applications usuelles qui se font là, aux matières littéraires, de ces mesures, de ces actes légaux et judiciaires qu'il regarde comme étant si antipathiques, si disparates avec le droit des auteurs.

En effet, quel est le notaire qui n'a pas plus d'une fois constaté la vente d'une œuvre littéraire, dramatique ou musicale? Quel est l'avocat qui n'a point exercé sa faconde sur des questions de possession ou de revendication de manuscrits! Quel est le créancier qui a jamais manqué à traduire en justice son débiteur, homme de lettres ou artiste, pour le containdre au paiement de sa créance, soit par voie de saisie-arrêt des produits de la vente de ses œuvres en librairie ou de sa représentation sur les scènes dramatiques, soit même par voie de vente forcée du droit de publication ou de représentation, pendant tout ou partie du temps pendant lequel la loi délaisse à l'auteur ou à ses héritiers la jouissance exclusive de l'œuvre? Quel est le tribunal qui a jamais refusé aux droits du créancier cette voie toute simple et toute régulière d'exécution ?

Évidemment, si l'on examine la question à ce point de vue de la pratique des affaires, elle se touve résolue par les faits. Il reste seulement à regretter que l'auteur de l'objection n'ait pas, avant de la produire au grand jour, jugé à propos de prendre, sur ce point qui était tout naturellement en dehors de ses connaissances personnelles d'ailleurs si étendues, de ses lumières si vives, l'avis préalable des hommes d'affaires et des juristes. Pour ce qui me touche, je n'ai point à tirer vanité de mes notions spéciales sur ces matières là : onze ans de palais et de fonctions judiciaires, trente ans de pratique du contentieux me rendraient inexcusable d'ignorer ces premiers éléments du droit et de la procédure.

Mais, peut-être en ceci, n'avions-nous pas l'illustre argumentateur, et moi, le même point de départ ; peut-être n'a-t-il voulu traiter la question présente que théoriquement, spéculativement, et en la plaçant sur un terrain dégagé de tous précédents, de tout statut légal, comme de tout fait acquis.

Si cela est, ainsi qu'on le peut supposer, je ne refuse nullement de le suivre sur cet autre champ de discussion, et j'accepte, vis-à-vis de lui, l'hypothèse de la table rase.

En envisageant les choses sous ce nouvel aspect, je comprends que tout le droit que l'adversaire du principe de perpétuité veuille accorder à l'auteur, il le tire uniquement de la doctrine de récompense nationale et le fait consister en une simple jouissance temporaire des fruits de l'œuvre.

J'accorde pour le moment, et, de fait, je n'ai pas besoin d'autre chose pour les exigences de ma thèse actuelle.

Voici donc l'auteur saisi, par la loi que vous avez en réserve, du droit de disposer, sa vie durant, de l'œuvre qu'il a émise, c'est-à-dire d'en renouveler, d'en multiplier les reproductions suivant son libre arbitre, et ses héritiers saisis du même droit, après sa mort, pendant un temps plus ou moins long à partir de là.

Tant que vit l'auteur, tant que se prolonge, en la personne des héritiers, le droit que votre loi leur a concédé en son lieu et place, il reste entendu qu'ils ont, l'un et les autres, la jouissance exclusive et absolue de l'œuvre, qu'ils en peuvent tirer à leur compte tout le profit qu'elle comporte, qu'en un mot elle leur appartient en propre. La condition de retour au domaine public n'altère pas ce caractère, ne détruit en rien la situation légale de l'auteur et des héritiers pour tout le temps assigné à leur jouissance, jouissance non perpétuelle, c'est vrai, mais qui n'en est pas moins absolue pendant qu'elle dure. Et, en effet, même dans vos doctrines, il n'a jamais été question d'en restreindre et limiter la portée.

Un droit tel que celui-là m'a bien l'air, pour le dire en passant, de constituer, même en dépit de vous son créateur, un véritable droit de propriété, droit viager, usufruitier si l'on veut, mais, est-ce que, même selon le code, l'usufruit n'est pas un bien comme un autre, et, comme les autres, susceptible de toutes les suites légales (même d'hypothèque, quand il s'applique aux produits d'un bien-fonds)? c'est, si l'on veut, une forme spéciale ou une modification de la propriété, mais il n'en reste pas moins, à proprement parler, une propriété, car cette jouissance des fruits est absolue : Droit de jouir, dit le code, comme le propriétaire lui-même (art. 578).

Supposons actuellement que pendant le cours de leur possession l'auteur ou l'un de ses héritiers successifs éprouvent, par une de ces contingences si communes dans la vie des gens de lettres et artistes (sans que les gens du monde en soient affranchis), éprouvent, dis-je, un besoin d'argent;

comme vous n'avez pu lui interdire le droit d'aliéner tout ou partie de son œuvre, il n'hésitera pas, à défaut d'autre moyen, de recourir à cette ressource; ou il cédera le droit de faire une, deux éditions, ou bien même, suivant les cas, il vendra l'œuvre tout entière. Si c'est un auteur dramatique ou un compositeur, il vendra sa pièce ou sa partition, ou bien il déléguera ses droits d'auteur. Avez-vous l'idée de faire entrave à ces transactions? Mais personne ne vous écoutera : ni l'auteur, ni son cessionnaire, ni le tribunal à qui vous les déférerez. Direz-vous que vous défendez ainsi la cause des expectatives légales du domaine public? Mais on vous répondra que le domaine public retrouvera tout aussi bien l'œuvre entre les mains des cessionnaires qu'en celles de l'auteur ou de ses héritiers, quand viendra le moment de la reprendre au profit de tout le monde (ce qui veut dire, comme on l'a vu plus haut, au profit de bien peu de monde !).

Et maintenant que l'auteur, que l'héritier, au lieu d'aliéner son œuvre aient fait un emprunt, contracté une obligation à terme, sans que, ce terme arrivé, ils aient le moyen de rembourser, croyez-vous que le créancier, à bout de complaisance et de délais, s'abstiendra d'exercer des poursuites sur l'œuvre tout aussi bien que sur les autres valeurs à jour que pourra posséder son débiteur ? Ne sera-ce pas là son premier soin ? Ne sera-ce pas aussi son droit le plus incontestable et y aura-t-il un juge qui ne croie pas de son devoir de lui octroyer en cela tout concours et toute protection ? Vous ne prétendez pas, apparemment, qu'en vertu du principe gracieux de votre loi vous pourrez déclarer le droit de l'auteur incessible et insaisissable, car s'il en pouvait être ainsi vous ne l'auriez, à vrai dire, investi que du droit de ne pas se montrer honnête homme? Votre récompense nationale pourrait devenir à son égard une note d'infamie! En vérité, ce serait là un bien triste MAJORAT qu'à votre tour vous auriez constitué au profit des gens de lettres et artistes; la contrainte à l'improbité en serait la base et la déconsidération publique en deviendrait l'auréole! Lequel d'entr'eux voudrait se résigner à l'acceptation de cette déshonorante faveur? Un MAJORAT! Voulez-vous savoir le moyen, bien plus efficace, d'assurer le sort futur des familles de nos écrivains et artistes dont les œuvres seraient dignes de passer à la postérité? Au lieu de vous évertuer à détruire la propriété littéraire, travaillez à lui faire donner par la loi toute la force et la durée qui appartiennent à sa nature; créez l'avenir pour les descendants de nos auteurs à tous degrés : Par là, vous encouragerez noblement ceux-ci à produire et à conserver pour leurs familles, car ils auront désormais sécurité à cet égard : ils seront délivrés de cette obsession désolante qui les paralyse en leur faisant voir, dans un temps très rapproché de leur mort, l'envahissement du patrimoine de leurs enfants par ce grand usurpateur légal qui s'appelle le DOMAINE PUBLIC. Ne savez-vous pas la puissance et l'énergie que communique aux esprits graves et réfléchis la foi de l'avenir, et croyez-vous donc qu'un écrivain, qu'un artiste, vit nécessairement en dehors de l'amour de la famille?

Je sais bien que le zèle déployé, depuis quelque temps surtout, contre la propriété littéraire a été jusqu'à la dénégation de tout intérêt en faveur de la postérité des gens de lettres et artistes; je sais bien que des hommes d'un parfait esprit se sont laissé entraîner à professer le plus grand dédain pour le sort futur des « *arrière-petits-fils* » de nos grands écrivains du jour, laissant « *cette intéressante lignée* » se tirer comme elle pourra des embarras de la vie, si ce n'est qu'ils lui permettent d'avoir, ainsi que ses ancêtres, de l'esprit, du talent, voire même du génie, moyennant quoi, et en travaillant comme eux, elle pourra très bien se passer de leur succession.

Certes, en tant que forme piquante et accès *d'humour*, ceci a toutes les conditions du genre : mais, souvent, la meilleure plaisanterie perd beaucoup à l'analyse, et celle-ci, quand on veut aller au fond des choses, se trouve fort compromise dans son effet.

Ne parlons pas, si l'on veut, de cette absence par trop stoïque de toute préoccupation sur le sort de ceux qui viendront après nous ; et, bien que l'égoïsme ait toujours été à mes yeux, sous quelques auspices qu'il se produisît, une énormité tout à la fois chrétienne, sociale, civique et privée, passons, néanmoins, sur cette trop franche profession d'indifférentisme à l'endroit de nos descendants : aussi bien je suis autorisé à croire que l'honorable et spirituel polémiste qui l'a fait n'est rien moins, assurément, qu'un homme sans entrailles et que son cœur vaut tout autant que sa tête. Je pourrais même, avec toute raison, lui dire qu'il se calomnie, qu'il est encore meilleur en réalité qu'il ne semble vouloir l'être, et je n'en voudrais pour preuve que cet amour si louable du progrès qui le possède : qu'est-ce, en effet, si ce n'est là un zèle aussi noble que désintéressé pour le bien-être de ceux qui doivent nous succéder dans la vie ? Mais sans insister sur cette contradiction, du reste si honorable pour lui, il me semble permis de lui en signaler une autre qui est plus faite encore pour qu'on s'y arrête. Que me répondra-t-il donc, lui qui, chaque jour, défend avec tant de chaleur et de talent la magnifique cause de toutes les grandes idées de liberté, de justice et d'humanité, quand je lui demanderai, non pas au point de vue de la sollicitude pour le sort des descendants d'un grand écrivain ou d'un grand artiste, mais au seul point de vue de la dignité morale de ce dernier, de l'équité sociale à laquelle il a des droits si bien acquis, pourquoi la société le viendrait frapper d'une sorte d'ostracisme en respectant moins son hérédité, le patrimoine de sa famille, qu'elle ne respecte celui de tout autre citoyen, même le plus inutile? Pourquoi voudrait-elle qu'un instrument mille fois licite du travail créé par lui fût brisé après lui dans la main de ses enfants, ou plutôt, ce qui est plus intolérable encore, qu'il leur fût arraché pour devenir la proie de quelques étrangers? Quelle est, de grâce, la raison acceptable qui puisse justifier ou seulement pallier une telle inégalité dans le traitement de chacun, et par conséquent une si flagrante injustice envers ceux sur lesquels on fait peser le poids de cette inégale application du droit social? Certes, il n'est pas possible qu'en parlant sérieusement l'on invoque la considération de la condition morale des descendants. Si, en effet, le talent, le génie d'un auteur revivent dans ses héritiers, il n'en sera que plus convenable de ne les avoir pas dépouillés du bien paternel; que si, au contraire, ils restent, par malheur pour eux, des hommes vulgaires comme tant d'obscurs héritiers des plus brillantes fortunes (lesquels n'en sont pas moins, fort souvent, de très honnêtes citoyens!) eh bien! alors, ils n'en auront que plus besoin de la ressource dont vous les voulez fruster! Et le père de famille, auquel n'aura pu échapper ce double aperçu, aura droit de maudire l'iniquité réelle qui, en retour de l'éclat qu'il a jeté sur son pays, l'offense, le blesse dans ce qu'il a de plus intime et de plus personnel, en même temps qu'elle l'opprime et le ruine dans toute sa descendance.

Car, vous aurez beau faire, jamais vous ne parviendrez à étouffer en l'homme de lettres, en l'artiste, pas plus qu'en tous les autres, ce sentiment inné de la possession en propre, et de la transmission aux enfants, des biens acquis par le travail ou de toute autre manière. Ce sentiment est plus fort que vous, plus fort que toutes les philosophies, que toutes les théories, parce qu'il est naturel, constitutif chez l'homme, et c'est ce qui battra toujours en ruine tous ces systèmes, anciens ou modernes, plus ou moins ingénieux, plus ou moins innocents, mais toujours si parfaitement insensés, de division anormale, de partage, volontaire ou violent, des biens et des fortunes à des époques données ; il n'est rien assurément de plus absurde, il peut n'être rien de plus coupable, et pourtant on aurait presque raison de dire, sans le respect qu'on doit aux lois en vigueur, que c'est là précisément ce que fait, à l'égard des hommes de lettres et artistes, la disposition légale qui autorise à s'emparer gratuitement de leur hérédité pour en doter le domaine commun, à l'exception pourtant que leur descendance n'est pour rien daus le partage, ce qui, *proh! pudor!* donnerait encore l'avantage au communisme!!...

Dans un esprit noble et juste comme celui du critique auquel je m'adresse, il est bien rare que la vérité ne se fasse pas jour par un côté quelconque. C'est ainsi qu'embarrassé malgré lui, mal à l'aise en présence de cette spoliation sans cause, il voudrait la réhabiliter quelque peu, laver sa tache originelle, en faisant de l'appréhension des successions d'auteurs un acte de bienfaisance et en l'élevant à la hauteur d'une œuvre de munificence et d'humanité toutes nationales, par sa consécration au soulagement des gens de lettres et artistes dans la détresse. Certes, l'idée est bonne et louable au premier chef, et personne plus que moi n'applaudirait à une semblable création, si elle reposait sur une autre base ; personne ne serait plus disposé à considérer comme une mesure gouvernementale, élevée et féconde, celle qui, s'occupant généreusement et judicieusement du sort de tant d'hommes utiles dont le mérite est trahi par la fortune (et, si la fortune est aveugle ou traîtresse, c'est trop souvent pour ceux-là bien plus encore que pour d'autres!), créerait pour eux une véritable caisse de secours, dans des conditions assez larges pour être dignes, assez sages pour ne compromettre ni l'amour-propre ni l'indépendance de ces nobles nécessiteux de la littérature et des arts. Cette création, je l'appelle de tous mes vœux ; mais, en vérité, je ne puis être d'accord avec l'honorable initiateur de l'idée, sur le moyen de lui donner l'existence. Je ne vois pas pourquoi les seules familles des auteurs seraient obligées d'en faire les frais au compte de leur propre ruine et je proteste en leur nom contre une générosité publique aussi fatale aux droits privés. Il est de principe que nul ne peut être libéral aux dépens d'autrui, et, comme dit l'adage connu : *Nisi deducto œre alieno;* il me serait donc impossible de voir dans cette attribution rien autre chose que, toujours, la spoliation, non pas même déguisée mais simplement changée d'objet, et je suis convaincu qu'en y réfléchissant bien mon honorable adversaire, en l'honnêteté de cœur duquel ma foi est si grande, sera cette fois de mon avis (1).

Ici, je le quitte à regret pour en revenir à ma conclusion sur ce qui touche l'objection d'un autre contradicteur,

(1) Voir la Note II placée à la fin de l'ouvrage.

membre du congrès de Bruxelles, ayant pour texte l'impossibilité prétendue d'attribuer à la propriéte littéraire, si elle était reconnue, les mêmes sortes de droit qu'à la propriété ordinaire, et notamment « *les poursuites d'un créancier, la saisie, la vente forcée.* »

J'ai clairement établi sur ce point, par ce qui a été dit ci-devant, que, soit dans l'hypothèse d'une loi à faire, soit dans les réalités de la loi faite, il fallait considérer comme choses régulières et complétement normales en l'état, les applications ci-dessus mentionnées à la matière littéraire, aussi bien qu'à toute autre relevant du droit civil. Je pense donc que, dans l'esprit de mes lecteurs, il ne peut rester rien d'obscur sur ce point. Pas plus que moi, sans nul doute, ils ne sauraient comprendre le scrupule qu'on professe sur l'usage de ces voies d'exécution appliquées à l'action qu'aurait à exercer contre l'auteur ou ses héritiers un créancier quelconque.

Après cette question vient la question de l'*impôt*, qu'également l'on regarde comme condamné à ne pouvoir atteindre jamais la propriété littéraire si elle venait à être reconnue. Je me crois fondé à dire qu'il n'y a pas, là, plus de difficulté réelle d'application que dans le cas précédent.

Et d'abord je prie qu'on veuille bien considérer que ce n'est assurément pas le droit littéraire tout seul, qui est, en l'état présent de la législation fiscale, exempt des charges de l'impôt. Tout incomplétement constitué qu'il soit encore, évidemment il y pourrait être soumis comme beaucoup d'autres droits incorporels (car telle est sa nature), qui, quant à présent, s'en trouvent affranchis comme lui, ne fût-ce que le droit à rente sur l'État. Du reste, tôt ou tard, ces mêmes droits se convertissent en valeurs imposables et il est manifeste que lorsque le droit littéraire vient à prendre l'une des formes sous lesquelles les biens de chacun doivent contribuer aux charges publiques, il est, tout comme les autres, soumis à cette contribution. Ainsi, que les produits de la vente d'une œuvre d'art ou de littérature soient employés en achat de maison, de terre ou d'actions immobilières ou industrielles, ces valeurs représentatives de la Propriété littéraire seront naturellement imposables et imposées parce que terre, maisons, actions, paient un droit à l'État. Il en sera de même à l'égard de toute autre valeur soumise à la cote, et si une loi nouvelle intervenait pour imposer toutes les valeurs mobiliaires quelconques il faudrait bien qu'un droit, qu'un titre de propriété littéraire y fussent également sujets. On voit donc bien que cette partie de l'objection complexe à laquelle je réponds n'est ni plus significative, ni plus difficile à réfuter que la précédente.

Nous arrivons à ce qui concerne : « *Le manuscrit à peine* » *achevé, vendu comme un meuble ou une marchandise, au plus* » *offrant et dernier enchérisseur.* »

J'ai beau vouloir chercher là, vu la gravité du sujet, une objection sérieuse : je n'y peux voir, en toute conscience, ou qu'une habileté oratoire, ou que le produit d'une erreur échappée à l'improvisation ; on ne voit pas, en effet, comment le cas invoqué pourrait être un cas réel. Il est clair que nul n'a le droit d'obliger un auteur à publier quoi que ce soit, tant que l'expression donnée à sa pensée reste chose intime, c'est-à-dire avant que lui-même n'ait jugé à propos de faire cette publication ; autrement jamais violence morale, jamais oppression de la liberté de conscience n'auraient égalé celles-là. L'homme qui a écrit un livre, peut avoir, le livre achevé, mille excellents motifs de ne pas le mettre au jour, et ces motifs, d'ailleurs, fussent-ils mauvais, lui seul en est et en doit rester juge. Ce n'est qu'à partir du moment où il a lui-même invoqué la publicité, où il a fait paraître son écrit que cette œuvre acquiert un caractère de valeur appréciable, qu'elle devient ainsi chose entrant dans le commerce et qu'elle peut, dès lors, faire l'objet d'une recherche quelconque de la part des tiers, créanciers ou autres. Or comment, d'après cela, ceux-ci pourraient-ils faire vendre sur l'auteur un manuscrit qu'il n'a voulu livrer à personne en vue de publicité ? Et surtout comment pourraient-ils le faire vendre judiciairement *comme meuble ou marchandise au plus offrant et dernier enchérisseur ?* Cela fait image, il est vrai, car cela permet de se représenter, en idée, toute une cohue d'affreux brocanteurs feuilletant, de leurs mains sales et crochues, ces pages inédites, discrètes dépositaires des plus nobles ou des plus délicates pensées, et que, dans leur crasse ignorance ou leur ignoble avidité, ils s'entendent, les malheureux ! pour payer au prix du papier de rebut, destiné à la fabrique ou à l'épicier ! Le tableau est saisissant, je n'en disconviens pas, mais ce ne peut être, vraiment, que pour les esprits qui veulent bien ne pas aller au delà : au jugement de ceux qui se font un devoir d'y regarder de plus près, le prisme s'évanouit bien vite, et il n'en reste rien au-delà d'un non-sens, fort artistement déguisé sous une séduisante parole.

Je viens d'épuiser l'examen de l'objection, à faces multiples, que fournit la thèse d'inassimilation de la propriété littéraire à la propriété de droit commun, soutenue devant le Congrès de Bruxelles par l'illustre adversaire du premier de ces droits. Pour me résumer sur ce qui touche cette objection très capitale dans sa tendance, je dis, et j'en ai le droit, car je l'ai démontré, qu'il est impossible, logiquement et raisonnablement, de considérer, avec son auteur, l'assimilation des deux droits en question comme repoussée par le fait même, en raison de difficultés insurmontables dans l'application à la propriété littéraire des voies d'exécution admises pour la propriété de droit commun. Je dis que ces difficultés n'existent nulle part; que, tout au contraire, les voies d'exécution dont on parle, sont applicables aussi facilement, aussi légalement, à l'une qu'à l'autre; qu'ainsi l'objection prouve *pour* au lieu de prouver *contre*. C'est là, je regrette d'avoir à le constater de nouveau, l'ordinaire résultat des raisonnements qui ne reposent point sur des faits réels. L'on n'est jamais impunément dans le faux, et, toujours, la vérité se venge par les contradictions dans lesquelles elle entraîne ceux qui la combattent, même innocemment et à leur insu.

Voici un autre argument en dehors de l'objection ci-dessus, mais du même opposant.

« *Le soin, a-t-il dit, que l'on met à constituer la propriéte littéraire, à la réglementer par des Statuts spéciaux, montre assez qu'elle est en dehors des principes généraux du droit.* »

Quoi de plus facile à réfuter que ceci?

Évidemment l'on cherche, en effet, non pas à constituer la propriété littéraire, car elle se constitue elle-même, elle existe de par le droit commun, mais à la faire reconnaître par la loi civile telle qu'elle existe par la loi naturelle. Née d'hier, pour ainsi dire, à peine entrée dans la vie sociale, car le fait en vertu duquel elle se place sous l'égide du droit positif est tout récent, si l'on peut parler ainsi, qu'y a-t-il d'étonnant à ce que cette reconnaissance, cette déclaration de sa nature et de ses prérogatives ne soient pas encore aussi complètes qu'elles le doïvent devenir par le bénéfice d'une raison publique mieux éclairée et plus mûrie ? N'est-ce pas là l'histoire de l'établissement de tout droit quelconque. Est-ce qu'avant que se fonde un usage général impliquant des intérêts respectifs entre les citoyens l'on fait des lois pour la cité ? Est-ce que, par exemple, quand chacun habitant seul sa propre maison, hutte ou hôtel peu importe, ne s'était pas encore introduite la coutume d'y recevoir des locataires, il y avait un code des locations ? Ainsi du droit de propriété littéraire ; jusqu'à la fin du siècle dernier ce droit, tout réel qu'il fût en lui-même, ne pouvait se développer, enfermé qu'il était dans les langes du privilége, et il n'a pu se produire au jour de la liberté légale qu'à partir de l'abolition de ce régime. Dès que cet essor lui a été permis, la propriété littéraire, repoussant, avec toute raison, le droit équivoque, éphémère, que des législateurs mal édifiés sur sa nature lui avaient reconnu comme par grâce, a combattu pour détruire l'erreur et conquérir la place qui lui était due dans la législation civile. Elle n'a cessé de lutter pour se faire admettre dans la grande famille des propriétés vraies, perpétuelles, héréditaires, suivant son droit si évident et si digne de respect. Est-ce sa faute si, comme il n'arrive que trop souvent dans de semblables controverses, des idées fausses, injustes, absurdes, lui ont disputé le terrain pied à pied ? Est-ce sa faute s'il lui faut s'épuiser à démontrer qu'elle est en effet une propriété, puisque tout ce qui a été fait, tout ce qui est fait encore aujourd'hui, le fut et l'est de nouveau dans la persuasion erronée que ce n'en est pas une ? Est-elle responsable des efforts faits par ses adversaires pour éloigner le moment de son triomphe définitif ? Assurément non, et l'on ne peut tirer de cette lutte qu'une conclusion, c'est que la défense a été la conséquence de l'attaque.

Ne dites donc pas que ces soins pris pour faire tomber de vos yeux les écailles qui les couvrent font preuve contre la propriété littéraire ! Dites, plutôt, qu'ils prouvent la conscience de son bon droit, car, si l'erreur a aussi ses opiniâtretés, la conviction du vrai peut seule porter à soutenir ces longues résistances où s'useraient des moyens non avoués par la raison et la justice, mais où se retrempent, au contraire, avec les esprits qui s'y consacrent, les principes qui en amènent le succès.

Il est une dernière objection de laquelle on a fait grand bruit autour du Congrès de Bruxelles et ailleurs ; on a paru préoccupé très gravement de la difficulté que présenterait la jouissance de la propriété perpétuelle d'une œuvre littéraire ou artistique, lorsqu'elle se trouverait faire partie de l'actif d'une succession à partager entre un nombre quelque peu considérable d'héritiers ; difficulté qui finirait par devenir insoluble avec le temps à raison des complications que ferait naître cette nécessité de division, non seulement entre les différents membres mais encore entre les différentes branches des hérédités appelées au partage : et de là on a tiré un argument qu'on a regardé comme foudroyant contre la reconnaissance du droit perpétuel.

En vérité c'est à tomber d'étonnement en étonnement quand on voit jusqu'à quel degré d'innocence, en fait de pratique des affaires, les adversaires de la perpétuité se laissent dominer par des scrupules étranges, tout en dehors de la marche normale des choses ! Et à voir combien ils se rendent, comme à plaisir, l'esprit perplexe à l'endroit du principe d'hérédité littéraire, c'est à les plaindre sincèrement du rude travail d'esprit qu'ils s'imposent pour suppléer à l'habitude, qu'ils n'ont pas de traiter, les matières du droit civil et de ses formes d'application! Venons charitablement à leur aide par quelques réflexions bien simples.

D'abord, l'on ne voit pas trop par quelle bizarre contradiction ceux-là mêmes qui sont tout de feu pour l'extension à cinquante années du droit temporaire pourraient argumenter si vivement de la difficulté signalée, car il faut bien admettre que, pendant le cours de ce demi-siècle, qui peut voir à la rigueur trois générations se succéder dans la jouissance du droit paternel, il ne manquera guère de survenir une partie de ces complications qu'on redoute, et, pourtant, on ne s'en prévaut pas, tant s'en faut! pour proscrire la jouissance des familles pendant ce laps de temps.

Mais, ensuite, à supposer même cette multiplicité de *têtes* et de *souches* parmi les possesseurs héréditaires de la jouissance du droit de reproduction, de quoi donc venez vous vous préoccuper sur ce point? Est-ce que la loi civile n'a pas, en matière de succession, prévu tous les cas, pourvu à toutes les éventualités? Est-ce que, si la division du droit d'auteur semble offrir des difficultés, le principe de la Licitation n'est pas là pour en avoir raison? Et, si cette licitation est de droit, d'après l'article 827 du Code Napoléon, pour les immeubles « *qui ne peuvent se partager* » *commodément*, » ne le serait-elle pas, à raison égale, pour ce qui touche une valeur mobilière offrant même incommodité? Et, d'ailleurs, l'article 1686 ne tranche-t-il pas la question, en ne faisant aucune distinction entre le droit mobilier ou immobilier à partager?

Dans ce cas, les co-héritiers en faisant procéder à la vente sur publication, à la barre du Tribunal s'il y a parmi eux des mineurs, ou devant un notaire s'ils sont tous majeurs (*même article,* 827), toucheront le prix de la vente et se le partageront en espèces, ce qui faisant rentrer cette valeur dans la catégorie des autres biens de l'hérédité fera disparaître ainsi les complications que l'on redoute pour eux. Quant à l'acquéreur unique du droit de reproduction, il en usera comme aurait fait l'auteur lui même, et sans y rencontrer plus d'entraves. Si, plus tard, il y a aussi division dans son hérédité, rien n'empêchera ses propres représentants de procéder ainsi que l'auront fait ceux de l'auteur; et ainsi de suite, suivant les temps et les cas.

Puis, est-ce qu'il n'est pas loisible aux héritiers, d'après le même Code (art. 825), de rester, en vertu d'une convention expresse, dans l'état d'indivision pendant un temps qui peut se prolonger presqu'indéfiniment, toutes les parties étant d'accord à cet égard? Or, si cela est possible pour toute l'hérédité, comment cela ne le serait-il pas pour une fraction? Dans ce cas, par la même convention, les héritiers nommeraient un séquestre qui serait chargé de centraliser l'exercice du droit de reproduction, à charge de faire compte à chaque cohéritier de la part et portion lui revenant.

Que si, par une circonstance quelconque, la possibilité de cette sorte de communauté entre les représentants de l'auteur vient à cesser, alors ils auront recours au moyen ci-dessus indiqué, de réaliser la valeur du droit pour s'en partager le prix.

Mais, dira-t-on très probablement, d'une part, cette

vente d'un droit dont la valeur appréciable est si équivoque dans la plupart des cas ne rendra qu'une bien faible partie de la valeur réelle, et, d'autre part, la descendance de l'auteur sera ainsi exclue tout à la fois du profit et de l'honneur de la reproduction de l'œuvre paternelle.

A cela je réponds que rien ne dit, ou que le prix de la vente ne sera pas la représentation à peu près juste des expectatives de la reproduction, ou que l'acquéreur sur licitation ne sera pas lui-même l'un des descendants de l'auteur.

Et en tous cas, je soutiens que, quoi qu'il puisse arriver de l'usage que pourront faire légalement les héritiers du droit qui leur adviendra par le bénéfice de la nature et de la loi, il serait déraisonnable et tyrannique de prétendre le leur enlever, parce que son exercice ne répondrait pas aux idées plus ou moins judicieuses qu'on a pu se faire à cet égard.

J'ai parcouru toute la série des objections fournies contre le droit de propriété des auteurs, et je ne crois pas m'abuser en me persuadant qu'il ne reste plus rien de ces objections qui soit de nature à se poser en obstacle dans l'esprit de mes lecteurs, à l'application des principes que j'ai précédemment invoqués et développés à l'appui de ma thèse sur l'existence très réelle de ce droit dans toutes les conditions de la propriété ordinaire.

Revenant donc actuellement aux conclusions à tirer de cette démonstration, je constate que par l'effet immédiat, irrésistible, soit de l'essence même des choses, soit, en tous cas, des mesures légales à prendre, suivant les indications données ci-dessus, toute espèce de difficulté pouvant procéder de l'exercice de la faculté exclusive de reproduction réservée aux familles doit être considérée comme radicalement détruite et levée désormais, même aux yeux des plus timides, ou des plus soupçonneux. Ainsi se dissipe le dernier nuage qui pouvait obscurcir encore la clarté, d'ailleurs si pure, du principe héréditaire : le droit naturel et le droit civil, la morale, le bon sens, la logique, disent hautement qu'il n'est pas possible d'admettre une autre solution que celle-là.

Et maintenant, en présence de tous ces nets aperçus, de ces notions toutes positives, toutes pratiques, démontrant avec tant d'évidence et la vraie raison d'être et la rigoureuse justice du principe protecteur du droit des familles, ainsi que la parfaite possibilité de son existence en concours, en harmonie avec les intérêts du progrès et de la civilisation, que deviennent, je le demande, toutes ces phrases sonores jetées aux échos du congrès de Bruxelles en vue de négation, d'annihilation de ce principe au profit des prérogatives du domaine public? Que reste-t-il de toute cette métaphysique de l'idée si disertement exposée, si éloquemment développée aux applaudissements unanimes de la savante réunion, si ce n'est un merveilleux exercice de logique à côté de la thèse soutenue, et de brillantes fleurs de rhétorique hors de saison ? Que dire de l'exhibition solennelle ainsi faite de toutes ces richesses oratoires, si ce n'est qu'elle n'a servi qu'à prouver ce qui n'était pas en question, à savoir l'admirable talent de leurs possesseurs? Que penser enfin de la décision du congrès, si ce n'est qu'elle restera comme une page de plus dans l'histoire des entraînements malheureux auxquels ne se laissent que trop fréquemment aller les assemblées délibérantes, officielles ou non, sous le charme de la parole ou par le magnétisme de la passion de leurs orateurs ?

De tout ce qui a été dit précédemment, il faut conclure que le droit des auteurs sur leurs œuvres doit être absolu, perpétuel, héréditaire, à la seule condition d'une mesure gouvernementale, d'ailleurs toute surérogatoire, destinée à empêcher qu'une production utile à l'intérêt général puisse être retirée de la circulation, danger à peu près imaginaire sans doute, mais auquel d'ailleurs il peut être facilement pourvu par le moyen dont il s'agit.

Je maintiens donc que telle doit être, dorénavent, la base de toute bonne législation sur la propriété littéraire, et qu'il faut, de nécessité, se hâter de réparer ainsi envers elle cette trop longue injustice, ce grand tort social, qui l'ont tenue dans une oppression séculaire non moins fatale au principe d'équité qu'au bien-être des familles.

Aussi, n'est-ce qu'en faisant, sur ce point capital, mes réserves les plus expresses que je vais aborder actuellement un autre ordre d'idées, et n'entends-je très formellement me livrer à cette nouvelle discussion que sous le bénéfice de la démonstration, en ce moment acquise, de la réalité et de la possibilité d'application du droit héréditaire dans tout son absolu.

Cet autre ordre d'idées, c'est celui que fait naître la transaction, proposée en 1825 et depuis, entre le droit absolu et le droit temporaire, transaction consistant à n'accorder la liberté de réimpression, c'est-à-dire à ne faire tomber l'œuvre dans le domaine public, qu'à la charge d'une redevance à payer aux héritiers de l'auteur par chacun des éditeurs successifs.

Par l'importance des suffrages qu'elle a conquis, et surtout par son rapprochement du principe héréditaire, cette doctrine mérite un examen sérieux et nous allons nous y livrer.

Du reste, les développements déjà fournis sur le principe lui-même nous permettront d'abréger la discussion pour ce qui touche cette application.

§ II.

LA RÉTRIBUTION PERPÉTUELLE.

On a vu, par l'exposé des faits, que la commission royale de 1825, sans aller jusqu'à reconnaître, ou plutôt sans se croire la possibilité d'appliquer le droit héréditaire dans tout son absolu, c'est-à-dire dans la jouissance de la faculté exclusive de reproduction en la personne des descendants de l'auteur jusqu'à épuisement de ligne successible suivant la loi, avait toutefois donné un gage non douteux de ses sympathies pour ce même principe en admettant l'une de ses conséquences les plus immédiates, la perpétuité. En effet, la commission reconnaissait et proclamait qu'il était juste et logique de consacrer au profit de la famille de l'auteur un droit de redevance perpétuelle sur le produit des reproductions successives, faites par des tiers étrangers à la famille, de tout ouvrage tombé dans le domaine public.

Ceci avait été le résumé très raisonné, très mûri de la discussion ouverte devant la commission sur la question de principe et comme un moyen terme par lequel elle avait cru pouvoir accorder entre elles les opinions contraires professées dans son sein, d'une part, sur le droit absolu des familles et, d'autre part, sur le droit prédominant et absorbant du domaine public.

Comme il est facile de le voir, cette immense concession sur le principe de la propriété absolue, en la supposant consacrée par la loi, donnerait, sinon raison au fond et logiquement parlant, du moins satisfaction aux adversaires du droit héréditaire de réimpression, aux champions du domaine public, et, s'il est bien vivement désirable que la conciliation se fasse entre eux et les défenseurs de la perpétuité, il ne pourrait qu'être grandement regrettable qu'elle ne se fît que par le sacrifice d'un principe à une chimère : pourtant, en dernière analyse, et, comme on pourrait dire, en désespoir de cause, mieux vaudrait encore une semi-justice actuelle qu'un délai sans terme sur l'octroi du droit entier. Il n'est donc pas étonnant que, de guerre lasse, beaucoup de bons esprits se soient rattachés à ce moyen terme que je viens d'indiquer plus haut ; mais ce qui l'est outre mesure, c'est que son adoption rencontre des contradicteurs dans ceux-là mêmes dont elle ferait triompher l'opinion ; et ces contradicteurs sont nombreux, puissants, au moins par l'énergie de leur opposition : ils entraînent à leur suite nombre d'esprits que séduisent leurs creuses théories et qui ne s'aperçoivent pas du vide et de l'inopportunité des arguments fascinateurs qu'on a fait miroiter devant eux, sans doute avec un merveilleux talent de persuasion, mais sans avoir pour appui un seul principe réel.

Sur ce point, comme sur le premier, essayons de ramener au vrai les hommes de bonne foi.

Voici d'abord les objections.

« En principe, dit-on, la redevance n'est qu'une forme, une déduction de la perpétuité : or, du moment que nous nions le principe, nous ne pouvons pas accorder la conséquence. »

« En fait, la redevance est impossible parce qu'elle ne peut avoir une base régulière d'établissement une garantie réelle de perception : à quoi servirait-il donc de la créer, quand bien même elle serait fondée en raison, puisque, par l'effet même de cette impossibilité d'exécution, elle resterait forcément lettre morte? »

Examinons la première objection.

Ici s'applique tout naturellement ce que j'ai dit ci-devant en vue de démontrer combien est juste et rationnel le principe du droit héréditaire, en fait d'œuvres de la littérature et des arts : je pourrais, dès lors, me borner à renvoyer pour la justification du système de la rétribution perpétuelle aux développements fournis, dans le paragraphe premier, sur le principe du droit absolu. Mais il y a, sur ce qui touche la transformation du droit exclusif de reproduction par l'héritier en une redevance pure et simple sur le produit de ces réimpressions devenues libres pour tous, quelques corollaires particuliers à tirer du principe, et, pour ne rien laisser d'obscur dans la discussion, il nous faut arriver à ces déductions accessoires.

Ce qu'il faut, tout d'abord, considérer dans le système

de la rétribution perpétuelle c'est la garantie pleine, absolue et sans réserve que donne au domaine public cette sorte de délaissement fait par les familles de leur droit de reproduction.

De ce fait, qu'on ne peut contester, résulte la preuve sans réplique du désintéressement complet de la société, en tout ce qui pouvait lui laisser quelques craintes, fondées ou non, à l'égard des besoins du progrès et de la civilisation.

Si donc la partie publique est désormais sans intérêt, à quel titre viendrait-elle entraver encore le droit des familles et prétendre leur enlever le prix si modique d'ailleurs, de la cession qu'elles auraient faite au domaine commun? Là où il n'y a point d'intérêt il n'y a point d'action : c'est un principe élémentaire dans toute législation civile. Par l'application la plus directe de ce principe, il faut nécessairement repousser, comme une violation du droit strict, tout aussi bien que comme une atteinte à l'équité naturelle et une usurpation véritable de la fortune des citoyens, cette absorption qu'on s'opiniâtrerait à faire faire par le domaine public, de la seule et infime jouissance qui resterait désormais aux familles d'un droit successif que la nature et la loi civile leur assuraient dans toute son étendue.

De ce que la confiscation du droit des familles serait, comme cela est si clairement démontré plus haut, une véritable iniquité pour ce qui touche la faculté exclusive de reproduction, il suit qu'à plus forte raison encore cela serait injuste et intolérable pour ce qui touche la rétribution perpétuelle. Alors, en effet, il ne serait possible à aucun titre, d'arguer d'un empêchement quelconque, vrai ou chimérique, à la libre circulation de la pensée, puisque, dans ce système, le droit exclusif de reproduction échappe aux héritiers de l'auteur pour devenir annexe du domaine commun.

Aussi, les adversaires opiniâtres du droit des familles, qui sentent bien que ceci les place dans une situation impossible à tenir, se rejettent-ils, comme on l'a vu, sur les difficultés insurmontables, suivant eux, que présente l'application de la rétribution perpétuelle. La discussion, sur ce qui touche cette mesure, se concentre donc naturellement en cette question toute de fait, et c'est maintenant dès lors sur ce seul point que nous avons à nous expliquer.

Lorsque cette objection se produisit dans le sein de la commission de 1825, je ne me dissimulai rien de l'avantage qu'on en pouvait tirer contre la perpétuité. Je pensai que, par cela même, il était de toute importance de démontrer le plus victorieusement possible que les impossibilités entrevues n'existaient pas, et pour arriver à cette démonstration, j'avais rassemblé tous les documents propres à mettre à même d'asseoir d'une manière sûre et régulière la perception de la redevance à établir sur toutes les réimpressions de livres tombés dans le domaine public. J'en avais fait la matière d'une note imprimée pour la commission, et cette note contenait l'explication du plan raisonné d'établissement de la redevance, laquelle consistait en un droit léger imposé sur chaque feuille d'impression, eu égard à la nature du caractère employé, et conformément à un tarif arrêté par la loi, desquelles feuilles le nombre devait être constaté par un timbre apposé sur la première et la dernière page du livre (1).

Ces mesures qui, concertées au reste avec des hommes pratiques de toute valeur, avaient eu, au préalable, l'aveu d'un certain nombre des membres de la commission, semblaient à ceux-ci comme à moi devoir atteindre le but désiré. On a vu que la majorité de la commission crut en devoir juger autrement, mais, après tout, l'appoint qui l'emporta ne fut pas tel que l'opinion de la minorité dissidente dût se considérer comme radicalement atteinte par cette décision, et, tout au contraire, elle se crut autorisée à conserver l'espérance de faire prévaloir le système de la rétribution perpétuelle devant les examinateurs ministériels, par lesquels le projet de la commission devait être formulé en proposition gouvernementale. C'est, suivant toute apparence, ce qui serait arrivé, si même le ministère, comme on pouvait aussi l'espérer, ne revenait pas à l'idée du droit héréditaire absolu. Cet événement postérieur ne confirma ni n'infirma l'espoir des défenseurs de la perpétuité, puisque la présentation aux chambres d'un projet de loi sur la propriété littéraire fut ajournée d'abord, à cause des changements successifs de ministère survenus et ensuite à cause du renversement même de la monarchie de 1814, par la catastrophe de juillet 1830.

Quoi qu'il en ait pu être alors du sort de la mesure proposée pour l'application de la redevance, au cas d'adoption du système de la rétribution perpétuelle, cette mesure n'a rien perdu, par là, de ce qu'elle avait d'exécutable, et loin de là, on peut dire qu'elle a reçu du bénéfice du temps

(1) Voir cette note avec ses développements aux ANNEXES.

une sorte de consécration très remarquable, qui me permet de la reproduire aujourd'hui avec une confiance plus grande encore que dans l'origine.

En effet, comme on va le voir, mon avis personnel, sur ce point, a maintenant l'appui d'une opinion conforme, je pourrais dire de deux, et on le verra tout à l'heure, dont l'autorité dépasse de beaucoup, à mes yeux, celle de mes propres convictions. Je considère, en effet, et tout le monde sera là-dessus nécessairement d'accord avec moi, que sur des questions semblables rien ne saurait valoir le jugement des hommes que leur pratique journalière des choses s'y rattachant essentiellement appelle plus que tous autres, par cela même, à en apprécier tous les éléments, à en bien saisir ou l'avantage ou le côté faible. Ainsi, dans des aits d'impression ou de librairie, comment révoquer l'avis des libraires et des imprimeurs? Comment, au contraire, ne pas admettre cet avis comme le moyen vrai de solution, et cela surtout alors que, comme dans l'espèce présente, l'on pourrait, à certains égards, envisager l'intérêt des opinants comme opposé à la solution qu'ils adoptent? Or, la sanction spéciale que je peux produire à l'appui de mon système d'application de la rétribution perpétuelle, c'est un libraire qui m'a fourni ces armes logiques, sans avoir, du reste, aucun contact avec moi sur le point en question.

Voici comment s'explique ce fait important :

Un homme de haute intelligence, praticien consommé en matière de librairie, libraire lui-même, de naissance pour ainsi dire, qui depuis longues années exerce avec l'estime de tous cette dernière profession, et dont le nom

7

a été rendu classique en librairie tant par son père que par lui-même, M. Hector Bossange, est venu, en 1836, à mon aide sans le savoir. Publiant à cette époque et sous ce titre : OPINION NOUVELLE SUR LA PROPRIÉTÉ LITTÉRAIRE, un petit écrit tout substantiel, plein d'esprit, de science, de raison et qui a prouvé que la bonne littérature n'est pas moins dans ses aptitudes que la bonne industrie (1), il y prenait pour texte, tout en défendant, avec non moins de chaleur que de talent, les droits de cette propriété dans le sens de l'hérédité et de la perpétuité, le besoin d'arriver à une conciliation entre les intérêts matériels de l'homme de lettres et ceux du libraire. Il trouvait cette conciliation dans une loi, par lui proposée, qui rendrait libre toute réimpression *après dix années depuis la première édition*, et MÊME DU VIVANT DE L'AUTEUR, à la charge de payer à celui-ci où à ses héritiers un droit fixé *à tant pour cent sur les frais de fabrication;* droit dont la somme serait dès lors naturellement établie par le nombre d'exemplaires de chaque édition exécutée par les libraires indépendants de l'auteur, et en temps successif.

Afin de prévenir toute objection sur la perception de ce droit, M. Hector Bossange faisait observer, avec toute raison, que la garantie s'en trouvait pleine et entière dans les règlements mêmes de la direction de la librairie, puisque nul ne pouvant livrer un ouvrage à l'impression sans faire préalablement déclaration du nombre d'exemplaires qu'il entend tirer et, étant, d'ailleurs, obligé quand il veut publier de déposer plusieurs exemplaires au ministère de l'intérieur, il y avait, là, double raison de sécurité;

(1) Imprimé chez Rignoux en décembre 1856, cet ouvrage a été mis en vente à la librairie de M. Hector Bossange, quai Voltaire.

d'abord, pour ce qui concerne la facilité et l'exactitude de l'assiette du droit, ensuite, pour ce qui touche la sûreté de la perception, *la loi pouvant statuer que le récépissé du ministre ne serait délivré à l'éditeur que sur preuve par lui faite de l'acquittement du droit.*

Il ne peut être révoqué en doute que tout ceci ne soit parfaitement vrai et judicieux. Or, toutes ces raisons si palpables peuvent s'appliquer tout aussi bien à la rétribution perpétuelle résultant de ma proposition à la commission de 1825, qu'à la redevance proposée par M. Hector Bossange, en 1836, et il est incontestable que, dans l'un comme dans l'autre cas, le moyen expliqué lève tout obstacle à l'application d'un droit quelconque à stipuler au profit des familles. Évidemment donc, l'opinion que je viens d'évoquer doit être prise comme sanction de la mienne.

Quant à l'avis émis par M. Hector Bossange sur ce qui touche le point de départ du droit de libre reproduction, c'est-à-dire la faculté pour tout libraire (je ne parle ici que des œuvres de littérature), de reproduire l'ouvrage « DU » VIVANT MÊME DE L'AUTEUR, ET DIX ANS SEULEMENT » APRÈS LA PREMIÈRE PUBLICATION, » sans méconnaître, assurément, tout ce qu'il y a de raisonnable et de frappant dans le développement qu'il fait de ses idées à ce sujet, il faut dire, ici, que la mesure a paru généralement bien radicale pour être susceptible d'accueil en l'état, et qu'elle n'a réuni encore qu'un nombre trop restreint de suffrages pour arriver immédiatement en ligne : plus tard, peut-être elle aura fait son chemin et elle pourra devenir la base d'une législation nouvelle, mais quant à présent, l'opinion qui prévaut est celle du droit exclusif pendant la vie de l'auteur, et la transmission de ce droit aux héritiers pendant un temps plus ou moins long.

Ici, je pourrais par une induction toute naturelle invoquer une autre adhésion encore en faveur du système de la redevance, de laquelle grande aussi serait l'autorité.

Je veux parler de celle de l'honorable membre du congrès de Bruxelles, dont j'ai eu déjà l'occasion de rappeler la noble attitude devant cette assemblée comme représentant de la librairie parisienne. Cette adhésion, moins explicite, tacite même, cette adhésion n'en aurait peut-être que plus de poids. Ce serait la conséquence obligée de l'opinion si fermement émise par M. L. Hachette sur la perpétuité du droit des auteurs. Cette profession de foi si nette et si complète de sa part amène à conclure qu'au cas où législativement la faculté exclusive de réimpression en faveur des héritiers ne semblerait pas pouvoir être consacrée, M. Hachette serait évidemment pour la rétribution perpétuelle, car il n'est pas homme à se mettre en contradiction avec lui-même. Ayant voulu le principe, il n'en voudrait pas décliner les conséquences ; or, après la conséquence immédiate qui est la faculté exclusive de réimpression, vient secondairement et comme prix de l'abandon au domaine public de cette faculté la redevance au profit des familles. Or, ce n'est par M. L. Hachette, homme pratique par excellence en librairie, qui pourrait voir une impossibilité, une difficulté même dans l'application de cette redevance. J'aurais donc tout lieu de me prévaloir de son aveu et de son appui, dans ce dernier cas tout aussi bien que dans le premier.

Je ne dois pas, je ne veux pas oublier de dire, ici, rétrospectivement, que la même sympathie fut, dans le temps, partagée, manifestée hautement par un autre homme non moins distingué, de profession pareille, feu M. Pillet aîné, qui, après s'être fait, par ses aptitudes diverses, une grande position dans l'imprimerie, la librairie et le journalisme, fut longtemps l'honneur de la magistrature consulaire, et dont les excellentes traditions sont aujourd'hui si fidèlement gardées par son digne fils. Le journal, très répandu, très accrédité dans toute la France (1), qu'avait fondé et que dirigeait M. Pillet, fit plus d'une fois preuve de son zèle pour la cause des gens de lettres et des artistes, et l'œuvre de la Commission royale de 1825 fut vivement soutenue par lui. C'est là un de ces concours dont le souvenir ne saurait s'effacer.

Je ne comprendrais pas, ni personne avec moi, sans doute, comment, après tout ce qui a été dit ci-dessus, une ombre de doute pourrait rester encore sur la légitimité de la rétribution perpétuelle, au cas où ne serait pas consacré le droit exclusif de reproduction, non plus que sur la possibilité si parfaite de perception de cette redevance. Dès lors, en considérant cette matière du paragraphe II comme entièrement épuisée, je passe à l'examen de la proposition formulée par le congrès de Bruxelles, c'est-à-dire l'extension du terme de la jouissance temporaire des familles.

§ III.

L'EXTENSION DE LA JOUISSANCE TEMPORAIRE.

Il n'y a pas de droit contre le droit : cet axiome, rendu célèbre par le chef illustre d'une école politique non

(1) Le *Journal des villes et des campagnes*.

moins fameuse, quoique n'ayant pas brillé par le nombre, lequel fut lui-même membre de la commission royale de 1825, cet axiome, dis-je, trouve dans la question présente une application dont on ne peut contester la justesse, et qu'ici du moins l'on ne taxera pas de sophisme.

En effet, il reste démontré de la façon la plus claire et la plus concluante que la propriété littéraire est un droit de possession en propre et à toujours, semblable par sa nature à toute autre propriété, ayant même caractère au point de vue du droit civil et devant jouir de garanties pareilles.

Que, comme le proposent les partisans d'une transaction sur le principe, son émolument légal se résolve en une simple redevance à prélever sur le produit des reproductions, sans doute, c'est là une atteinte au droit, mais ce n'en est ni la négation ni la destruction : il subsiste avec ses deux conditions essentielles, la perpétuité et l'hérédité. Le mode de perception disparaît, mais la perception demeure; c'est la forme qui change, ce n'est pas le fond.

Que si, au contraire, l'on se prend à vouloir faire de cette jouissance à toujours une jouissance à temps, il est manifeste qu'on la dénature complétement, qu'on la dépouille non seulement de son avantage le plus capital, mais encore et surtout de son caractère essentiel, qu'en un mot, on fait disparaître le droit primordial pour y substituer un droit de toute autre nature; et comme rien n'y autorise logiquement et justement, l'on fait ainsi de l'arbitraire à la fois inique et irrationnel.

Rien, disons-nous, n'autorise cette transformation

étrange, car la seule raison qu'on allègue pour la justifier, c'est la considération d'un motif qui n'existe pas, à savoir l'intérêt du progrès et de la civilisation : il doit, en effet, rester trop clair, trop constant, d'après ce qui a été démontré plus haut (§ I), que, sous aucun rapport quelconque, cet intérêt ne court risque d'être compromis par l'exercice du droit exclusif de réimpression laissé aux familles d'auteurs pour qu'il soit permis de persister dans cette opinion.

D'autre part, à raison même de ce visible défaut d'intérêt, il serait tout à fait impossible d'appliquer ici le principe d'expropriation pour cause d'utilité publique, et de confisquer, par ce motif, le droit des familles au profit de l'État, c'est-à-dire du domaine commun. Dans une telle situation de choses, le système d'exclusion des héritiers de l'auteur du bénéfice des reproductions est un système tellement dépourvu de toute raison plausible qu'il faut le considérer comme jugé et condamné en dernier ressort. Y persévérer nonobstant ne serait plus du sens rassis, et, pour le faire, il faudrait vraiment être en proie à une monomanie spoliatrice, à une sorte de rage de dépossession tout à fait en dehors du cadre des idées discutables.

Quant à ce prétendu principe de récompense nationale, qu'on veut faire considérer comme cause légale de la concession faite à l'auteur et à la famille d'un certain temps de jouissance de l'œuvre, tout ce système bizarre est renversé de fond en comble par l'attribution forcée, inévitable, qu'il faut faire à l'auteur et à sa descendance, d'un véritable droit de propriété perpétuelle et transmissible, comme toute autre ainsi que cela est établi au paragraphe Ier.

Véritablement, il n'est rien, que je sache, de plus fait pour causer de l'étonnement que de voir des hommes de raison, d'esprit et de sens, s'attacher à une idée aussi vide, aussi fantastique que cette idée de récompense nationale, appliquée, comme on le fait ici, aux fruits du travail de l'écrivain et de l'artiste, sans parler de ce qu'elle offre, à certains égards, de peu juste, de peu moral même, en allant au fond des choses.

Quoi, vous pensez (et vous avez grandement raison), que l'auteur d'un bon livre rend aux lettres et à la chose publique un service qui lui mérite la gratitude du pays, et pour lui en offrir un gage éclatant, vous ne trouvez rien de mieux que de lui enlever la meilleure part du prix de ses veilles ! Vous ne voulez même pas lui laisser cette récompense (qu'après tout il ne devrait qu'à lui-même), de pouvoir penser que ses labeurs mettront, plus tard, sa famille à l'abri de la misère ! Merveilleuse libéralité, vraiment, que celle qui consiste à s'emparer, tout d'abord, indûment, du bien d'autrui, pour en attribuer, ensuite, une maigre part à son propriétaire légitime ! Savez-vous comment cela s'appelle, dans la vérité, dans la sincérité des mots ? Cela s'appelle une exaction, une exaction flagrante et indigne, et, proposer à toute une nation de s'en rendre coupable, si l'on y avait bien réfléchi, ce serait ne respecter ni elle ni soi-même : si la république d'Athènes, à la voix d'Aristide, repoussait jadis une mesure utile à l'État, parce qu'elle était injuste, qu'auraient donc fait les Athéniens à l'endroit d'une proposition semblable à la vôtre, qui n'est ni juste ni utile !

Êtes-vous plus heureux à l'égard du principe d'expropriation pour cause d'utilité publique ? Voyons :

J'admets pour un moment la supposition, si énergiquement repoussée par raison, que vous soyez fondé à faire aux œuvres de l'écrivain ou de l'artiste l'application de ce principe : mais, apparemment, vous entendez commencer (c'est la règle invariable de cette application) par accorder à l'exproprié *une juste et préalable indemnité* (1). Lui prendre presque toute sa propriété pour rien, est-ce là, je vous prie, l'indemnité que votre justice lui réserve?

Que diriez-vous, grands docteurs du domaine public, graves professeurs du droit de récompense nationale, si, demain, l'État, s'adressant à vous-mêmes et vous prenant votre maison pour en faire une école publique, votre domaine pour en faire une ferme modèle, à établir dans cinquante ans, se bornait à vous allouer, pour la contre-valeur de cette cession, la jouissance, jusque-là, de votre bien, à titre de simple usufruitier ou de locataire gratuit? Vous trouveriez vous bien et dûment indemnisés, bien récompensés de ce sacrifice fait par vous à l'utilité publique? Je suis assuré que non, et ce que je voudrais voir en vous, c'est une sollicitude, pour nos artistes et nos écrivains, pareille à celle que vous vous sentez pour vous-mêmes. Est-ce être trop exigeant?

Mais, d'ailleurs, quel est donc, je vous prie, ce terme de cinquante ans, que, de votre autorité privée, vous daignez concéder aux familles d'auteurs et d'artistes? De quoi l'induisez-vous, et qu'elle est sa raison d'être? Pourquoi cinquante plutôt que dix, que vingt, que cent et au-delà? Vous ne le sauriez dire, et vous restez pris au piége de votre propre erreur, ne vous appuyant sur aucun droit

(1) Art, 545 du C. Nap.

primordial, réel et avoué, vous êtes dans l'impuissance d'en tirer aucune conséquence logique, et vous ne pouvez, pour motiver votre idée, qu'en appeler à l'autorité d'une législation de caprice et d'arbitraire.

De fait, il faut admirer le bonheur qu'a eu le congrès de Bruxelles de sortir de cette discussion sur le terme, car, chacun de ses membres était parfaitement fondé, en se soumettant à la doctrine générale du congrès, à demander le délai qui convenait le mieux à son plus ou moins de sympathie pour les familles (témoin celui d'entre eux, qui a proposé la jouissance amphytéotique de quatre-vingt-dix-neuf ans (1). Et comme il n'y avait pas possibilité de trancher la question par l'invocation d'une règle absolue, cela pouvait arriver à éterniser le débat; les amis de l'éloquence eussent eu, certes, à s'en applaudir, mais je ne sais si cela eût fait de même le compte de tout le monde. Au reste, de cette sorte de confusion qui a signalé la clôture de la discussion sur ce point, il faut tirer cette moralité, à l'usage de toute assemblée délibérante, à savoir que, dans les seuls principes, résident l'ordre des délibérations et la véritable rationalité des décisions.

De tout cela, l'on doit conclure que le système d'extension de la jouissance temporaire (tant que cette jouissance ne sera pas illimitée) manque de base et d'assiette et qu'il ne peut être considéré que comme une création tout idéale en dehors des droits réels et connus.

Il n'est pas moins certain que ce système va en sens inverse de l'un de ces droits les plus incontestables, de

(1) M. Delalain, et c'est ici un hommage à lui rendre tout en regrettant qu'il ne se soit pas rallié au principe de perpétuité.

l'une de ces règles supérieures, primordiales, auxquelles toutes autres doivent céder le pas : règles contre lesquelles l'on ne saurait en faire prévaloir d'autres d'un ordre secondaire : qu'ainsi donc, et, même à supposer, ce que je conteste, que la jouissance temporaire eût une base quelconque dans l'une de ces dernières règles, elle n'en devrait pas moins être repoussée, car, je le répète, une fois encore, avec le dialecticien célèbre que j'ai déjà cité, IL N'Y A PAS DE DROIT CONTRE LE DROIT.

Insister davantage sur une semblable démonstration, ce serait faire injure au bon sens de mes lecteurs et je borne en conséquence à ce qui précède ce que j'avais à dire sur le sujet du § III.

Laissant donc tout à fait de côté l'examen de ce point de la discussion qui ne saurait mener à aucune conclusion raisonnable, je n'ai plus qu'à fixer une dernière fois l'attention de mes lecteurs sur la conséquence la plus manifeste du système des adversaires de l'hérédité, soit en ce qui concerne le droit absolu de reproduction, soit en ce qui se rapporte simplement à la rétribution perpétuelle réclamée en échange de ce droit, soit enfin même en ce qui touche le cas de l'extension du droit temporaire s'il était possible que l'on s'arrêtât à cette idée.

Cette conséquence que je ne saurais trop signaler à la raison et à la justice des personnes appelées à exercer une influence quelconque sur la solution gouvernementale de la question, c'est qu'à partir de l'expiration du court délai assigné légalement à l'exercice du droit exclusif de reproduction, la famille de l'auteur se trouve exclue et déshéritée en faveur d'un petit nombre d'étrangers sans droit ni qualité quelconque à l'hérédité.

C'est, en l'état présent des choses, le net produit de la législation actuelle, qui confisque, après trente années à partir de la mort de l'auteur, le droit successif des familles, au profit supposé du Domaine public, et, dans le vrai, au profit des libraires, éditeurs de musique, et entrepreneurs de spectacle.

Certes, il y a, dans une telle situation quelque chose d'anormal, de bizarre, de sauvage même, dirais-je sans mon respect pour la loi, qui répugne à la raison, à l'équité, au bon ordre législatif. Ce qui est vrai, c'est qu'en s'appesantissant sur cette inévitable conséquence du principe de non-perpétuité, et en présence de cette sorte d'énormité en fait de justice distributive, nombre de chauds défenseurs, jusque-là, de ce principe (si jamais cela en put être un!) ont senti considérablement faiblir leur conviction; sans renoncer encore à la chimère du Domaine public, revenus cependant à des idées plus modérées et plus justes quant aux conséquences de sa main-mise, ils se sont montrés disposés à se rejeter sur le système de la rétribution perpétuelle au cas où il leur serait bien démontré que l'application en est possible. Or, c'est ce qui ne sera douteux désormais pour aucun de ceux d'entre eux qui voudront bien faire la moindre étude du moyen proposé à cet effet suivant ce qui a été précédemment expliqué.

J'ai la foi profonde que cette tendance au retour vers la doctrine de la perpétuité, même entendue dans son sens le plus absolu, ne tardera pas à devenir celle de tout esprit droit et logique dont l'ardeur ne se laissera pas entraîner par la séduction d'une brillante thèse paradoxale à soutenir, devant le public, au bénéfice de l'esprit, de l'originalité et de l'amour quand même du nouveau.

RÉSUMÉ DE LA DISCUSSION.

Résumant actuellement, ici, tout ce qui précède afin d'embrasser d'un coup d'œil l'ensemble de cette discussion, nous voyons, d'une part, qu'au premier rang des doctrines à consacrer par l'action législative en ce qui concerne la grande question de la propriété littéraire, se place incontestablement la doctrine de l'hérédité et de la perpétuité : c'est là, sans dénégation raisonnable possible, le point de vue auquel cette question doit être envisagée par les pouvoirs publics; elle se lie, en effet, de la manière la plus étroite au principe conservateur sur qui repose tout l'ordre social et c'est toujours une grande imprudence de laisser entamer d'un côté quelconque ces bases fondamentales de l'édifice : Que la moindre brèche y soit pratiquée et bientôt les plus grandes dégradations en peuvent être la suite presqu'immédiate, les plus redoutables désordres s'y peuvent promptement produire : c'est le grain de sable déplacé qui entraîne toute la masse : c'est la Hollande tout entière submergée par le percement d'une seule de ses digues. L'on ne saurait donc trop appeler sur ce point si capital et l'attention du pouvoir et la méditation des législateurs.

Nous voyons, en second lieu que par une transaction qu'en toute franchise et toute humilité, je ne puis me défendre de nommer malheureuse, bien que j'aie été, dans le temps, l'un de ses zélés promoteurs (en désespoir de cause il est vrai), il a été proposé de faire une concession majeure sur le principe d'hérédité en transformant le droit exclusif de reproduction, qui est l'attribut logique de la famille de l'auteur, en une simple redevance à prélever sur le bénéfice des reproductions devenues libres à l'égard de tous, et payable aux héritiers par les éditeurs successifs au moyen d'une sorte d'impôt privé établi sur chaque feuille d'impression en ce qui concerne les productions de la littérature, ou de l'art musical.

Enfin, nous voyons, en troisième lieu, que repoussant ce moyen terme qui, du moins accorde quelque chose au principe de perpétuité, les adversaires déclarés et persistants du droit héréditaire pensent et soutiennent que tout ce qui est praticable, en l'état, c'est simplement l'extension du terme actuel de la jouissance temporaire des familles, et qu'ils se bornent à demander, comme l'avait fait en 1826, la majorité de la commission royale, et, en 1842, la commission de la chambre des députés, que ce temps de jouissance privative des familles soit porté à cinquante ans à partir de la mort de l'auteur, le droit de reproduction tombant dans le Domaine public à l'expiration de ce terme sans aucune indemnité quelconque pour les héritiers de l'auteur.

POSITION DES QUESTIONS.

Ainsi donc la situation est aujourd'hui bien claire, bien définie et les questions nettement posées. Les solutions auxquelles ces questions sont susceptibles de donner lieu par la législature peuvent être formulées ainsi, dans l'ordre logique des idées à consacrer, savoir :

OU

(Ce qui serait une justice complète).

« Reconnaître le droit absolu des familles en ce qui

» concerne la faculté exclusive de reproduction des œuvres » de la littérature et des arts, sous réserve au pouvoir » gouvernemental, dans l'intérêt public, du droit perma- » nent et imprescriptible d'obliger les héritiers à la repro- » duction, après dix ans à partir de la dernière publi- » cation constatée, de toute œuvre jugée utile à l'intérêt » social. »

OU

(Ce qui ne serait plus qu'une demi-justice).

« Permettre, à tous, les reproductions après cinquante » ans à partir de la mort de l'auteur, mais à la charge d'une » rétribution perpétuelle en faveur des héritiers, laquelle » serait à payer par chaque éditeur successif, à raison du » nombre de feuilles d'impression du livre, et du nombre » d'exemplaires de l'œuvre constatés par la déclaration à » faire à la Direction de l'Imprimerie et de la Librairie. »

OU

(Ce qui ne serait ni juste ni logique).

« Se borner à proroger de vingt années de plus que la » loi actuelle (c'est-à-dire porter à cinquante ans, à partir » de la mort de l'auteur) la jouissance du droit exclusif de » reproduction en faveur de ses héritiers : l'œuvre tombant » après cette époque dans le Domaine public, sans indem- » nité quelconque au profit des familles. »

RÉFLEXIONS FINALES.

Voilà les trois seules alternatives qu'implique aujourd'hui la situation de la question de la propriété littéraire, et il ne paraît pas possible que l'une d'elles ne se réalise pas très prochainement.

Mon vœu formel est, sans aucun doute pour la première, car seule, comme je l'ai démontré, elle acquitte dignement et complétement la dette sociale envers les principes :

La seconde retient quelque chose de ce caractère, et, au besoin, par cette raison même, je l'accepterais, si le radical de l'autre pouvait être, tout légitime et tutélaire qu'il soit, considéré comme obstacle à l'adoption de la première alternative.

Quant à la troisième, je ne la subirais jamais volontairement, car elle répugne à tous mes instincts d'homme de droit et de logique. L'adopter, même comme un triste pis-aller, c'est à mes yeux une sorte de complicité dans la perpétration de l'énorme tort de la violation des principes. S'il se pouvait, ce que je regarde comme impossible, qu'elle prévalût néanmoins, je me réfugierais alors dans le silence de l'espoir et, plein de foi en un avenir qui ne pourrait manquer de faire justice de l'erreur commise, je répéterais avec le spirituel auteur de l'écrit dont j'ai parlé dans le cours de la discussion : « JE CROIS AU TEMPS ! »

Quoi qu'il en puisse être de tout ceci, revenant à la dernière des discussions solennelles auxquelles a donné lieu la matière, tout opposé que je sois à la manière d'envisager et de traiter la question qui fut celle de la majorité du congrès de Bruxelles, et quels que puissent être à cet égard mes griefs contre sa décision, mes regrets ne vont pas jusqu'à méconnaître ce qui est dû, sous d'autres rapports, de justice et de gratitude à l'idée qui a suscité la tenue de cette grande assemblée et à l'assemblée elle-même.

Si l'on a pu s'affliger de l'espèce d'excentricité de certaines opinions qui se sont produites dans la discussion, l'on y a vu, d'ailleurs, briller, même au milieu des erreurs si regrettables qui s'y sont fait jour, tant d'esprits d'élite, tant d'hommes recommandés par leurs lumières, leur talent et leur illustration, à l'estime, à l'admiration de tous, que non seulement il leur faut rendre hommage à ce titre, mais encore, et surtout, qu'il faut se féliciter sincèrement de l'éclat nouveau ainsi jeté sur la question et du retentissement, fécond en effets utiles, qui en a été le résultat.

Ce qui n'a pu manquer d'en ressortir pour les graves esprits qui, dans une haute situation exceptionnelle, ont pour mission de rechercher, dans les grandes manifestations de l'opinion publique, le moyen de donner satisfaction aux besoins moraux ou matériels des peuples, c'est, assurément, la nécessité manifeste de mettre, sur ce point si important, la législation des divers États de l'Europe en harmonie avec les exigences pressantes de la protection due aux lettres et aux arts, non pas seulement dans l'intérêt d'un principe de justice, mais encore dans un intérêt non moins élevé de morale publique, de progrès, et de civilisation.

NOTES

NOTES

I

De la prédominance absolue de l'élément démocratique dans les Gouvernements.

Amené, dans mon texte, à cette question par l'ordre des faits qu'il me fallait analyser, je n'ai pas dû reculer devant le devoir que m'imposait un profond sentiment de zèle pour le bon ordre de signaler les dangers si graves dont le menace toujours l'invasion de l'absolutisme démocratique. Mais le vif désir que j'ai qu'on n'aille pas au delà de ma pensée sur ce point me fait sentir le besoin de donner, ici, quelques explications nécessaires.

Si, de ce que j'ai dit, l'on se croyait fondé à conclure que je repousse toute intervention de la Démocratie dans les choses du Gouvernement l'on commettrait une grande erreur, et, de ma part, si telle eût été en effet ma pensée c'eût été une erreur plus grande encore.

Non seulement il faut, de toute évidence, que l'élément démocratique entre en participation dans l'action gouvernementale, mais encore il faut que cette action soit très étendue. C'est la logique qui le veut, c'est la raison qui le commande. La Démocratie ne forme-t-elle pas le fond, la masse de la société moderne, c'est-à-dire l'immense collection de nationaux, de citoyens qui possèdent par parcelles une grande partie du sol, qui le fécondent, qui, par un travail incessant, pratiquent et vivifient les sciences, les lettres, les arts, l'industrie, le commerce, et qui, tous, sous une forme quelconque, contribuent aux charges de l'État? Comment donc pourrait-elle être exclue de l'administration d'intérêts qui sont en grande partie les siens? Disons-le, aujourd'hui surtout qu'il n'y a plus, dans notre société française, au point de vue légal, de classes privilégiées, la Démocratie c'est, à proprement parler, tout le monde, et il serait bien mal avisé celui qui voudrait créer pour elle une catégorie civile deshéritée de quelque droit social que ce soit : par là il se destituerait, il s'annulerait lui-même. Il faut donc que cette masse de citoyens, qui, avec un petit nombre de possesseurs du sol ou du capital dans des proportions plus larges, soit l'aristocratie de fait, d'une part, et, d'autre part, avec les prolétaires (lesquels eux-mêmes peuvent arriver par le travail à la possession du sol et du capital), forme la nation ; il faut bien, dis-je, que cette immense collection d'individualités concourre à l'administration du pays. Prétendre le contraire serait soutenir la plus grande des absurdités.

Mais autre chose est le concours ou la prédominance, la participation ou la suprématie. Le concours donne satisfaction à la raison, à la logique ; la suprématie trouble et compromet toutes choses ; elle est une menace et un péril pour le bien de tous, car la nature même de l'élément démocratique veut qu'alors, de toute nécessité, son action devienne désordonnée au premier chef.

Donc, que la Démocratie intervienne dans le Gouvernement par l'élection, par la législature, par les fonctions publiques, par les grades administratifs, militaires, judiciaires, financiers, etc., cela est juste, cela est rationnel, cela est salutaire même, car l'activité des esprits a un aliment nécessaire dans cette action multiple, incessante, universelle où d'innombrables fractions de l'élément démocratique trouvent leur place au soleil, vivent ainsi très légitimement sur le fond commun, en retour de l'intelligence, du travail, du dévouement qu'elles mettent à son service.

Mais là doit se borner cette action pour ne pas cesser d'être bonne et utile ; si la Démocratie veut outrepasser la limite, si, au lieu de se renfermer dans l'exercice de ce concours par elle prêté au Pouvoir social, elle veut être elle-même ce Pouvoir, c'est alors que se révèlent tous les dangers de son avénement.

En effet, le Gouvernement de la Démocratie n'est et ne peut être qu'un Gouvernement nominal, lequel n'agit et ne se meut que sous l'influence et le bon plaisir de la Démagogie, c'est-à-dire de tout ce qu'il y a, dans la masse démocratique, de plus passionné avec le moins de lumières, trop souvent de plus brute, de plus féroce et par cela seul de plus violent ; et c'est en vertu de cette violence même que la fraction dont nous parlons finit toujours par entraîner, par dominer l'ensemble, soit aveuglé, soit terrifié. En un mot, la Démagogie, c'est la conséquence forcée de la Démocratie, c'est le criterium indélébile auquel se reconnaît celle-ci ; c'est sa fatalité !

Du moment donc où le Pouvoir social tout entier passe à l'élément démocratique, le travail de transformation commence et marche avec rapidité. A l'instant et à peine né, ce Pouvoir entre dans sa sphère de dissolution. Et la raison en est toute simple : prenant dans les masses populaires son principal point d'appui, il se trouve constamment, à leur égard et par cela même, dans une situation obligée de déférence, merveilleusement propre à favoriser la rude pression, sur lui, des tribuns et des meneurs de la multitude, en même temps que cette sorte de dépendance morale et, pour ainsi dire, de crainte révérentielle, lui enlève toute énergie pour la répression des désordres provenant de l'exaltation populaire.

Aussi, quel que puisse être d'ailleurs le mérite personnel des chefs que la Démocratie s'est donnés pour exercer, sous son autorité directe, le pouvoir gouvernemental, quel que puisse être leur amour réel du bien public, ils sont bien vite dépassés, débordés par les ardents agitateurs des masses, et les démagogues ne tardent pas à s'emparer de ce Pouvoir, soit qu'ils l'exercent sous le nom des Gouvernants et par intimidation, soit qu'ils s'en saisissent par violence et à l'aide d'une émeute fomentée par eux, qui renverse à leur profit ces représentants éphémères de la démocratie sage et honnête. L'histoire est là pour dire que telle est l'invariable marche des choses. Elle est là aussi pour apprendre quel est dans ce cas de dépossession violente des chefs démocratiques au profit de la démagogie le déplorable Gouvernement qui, chez tous les peuples, en a été le produit : d'odieux abus journaliers de la force brutale, de l'ineptie grossière, des spoliations, du sang et la décadence morale et intellectuelle de toute une époque : voilà ses œuvres !

Je me sens donc tout à fait autorisé à le dire en toute conscience et vérité, malgré mes sympathies naturelles et nécessaires pour la Démocratie, pour cette immense classe, qui est mienne, aussi bien que celle de tant d'hommes que j'aime et que j'honore, c'est manifestement un grand malheur et pour elle-même et pour le Pays, quand l'élément démocratique, sortant du cercle de son action normale, arrive au Pouvoir suprême pour l'exercer directement par quelques-uns de ses membres amovibles. La constitution de ce Pouvoir, de droit incessamment mobile et remplaçable, est, sans contredit, une condition obligée de désordre incessant, car c'est la prime la plus énergique et la plus encourageante qui puisse être offerte à toutes les ambitions, à toutes les vanités, à toutes les turbulences : cette sorte d'abdication du seul principe qui puisse garantir l'ordre et la dignité d'un pays (le principe de fixité, de force et de concentration du Pouvoir social), n'est pas seulement une cause de désordre politique, c'est, ce qui est plus grave encore, une cause de profond désordre moral qui implique et amène les plus grands malheurs.

Oui, je le crois, je le sens, et je ne cesserai jamais de le dire, oui, le Gouvernement des masses est un Gouvernement détestable et il le sera en tout temps et partout, tant que l'on n'aura pas fait, de chaque individualité qui les compose, un être éclairé, raisonnable, sans passions cupides, ami désintéressé du bien public, et surtout animé de ce sentiment chrétien qui est, par excellence, le sentiment social, de cet esprit d'humanité, de bienveillance, de tolérance mutuelle, d'assistance réciproque qui, de tous les citoyens d'un même État fait, pour ainsi dire, des frères : mais des frères véritablement et par le cœur, non pas par cette parole odieusement fausse et traîtresse qui ne proclame le principe de fraternité que la haine dans l'âme et la menace à la bouche contre quiconque ne saurait partager ou les tristes extravagances ou les sauvages aversions de ceux-là qui s'en font un titre d'atroces barbaries ou un brandon de guerre civile.

En l'absence de cette heureuse, mais irréalisable utopie, je ne puis que maintenir mon sentiment de répugnance absolue pour le gouvernement de la multitude, et en cela, je crois faire essentiellement acte de bon citoyen, car c'est avant tout l'intérêt populaire qui est compromis par les désordres dont je parle plus haut. N'est-il pas visible en effet que tout ce qui attaque l'ordre public détourne et dessèche, tout d'abord, les sources où le peuple puise, en temps calme, sa subsistance : et dès lors le pousser, en exaltant ses passions, à rompre l'harmonie entre les citoyens, n'est-ce pas le mener tout droit à la famine et aux désastres ?

J'ai invoqué l'histoire comme enseignement de ce que furent les Gouvernements de la démocratie, mais que sont ces leçons du passé après l'exemple moderne si frappant que nous avons tous les jours sous les yeux? Si l'on veut juger de ce qui peut advenir d'un pays, d'une nation, où l'élément démocratique règne et gouverne sans partage et sans contrôle, qu'on regarde de l'autre côté de l'Océan, et que l'on contemple l'imprudente, la folle Amérique, devenue, en moins d'un siècle, par l'absolutisme de ses doctrines et de sa pratique démocratiques, une nation, non pas seulement à peu près ingouvernable au dedans, mais encore tout près, au dehors, d'être mise au ban de toutes les autres nations! Voyez-la, en dépit de tout ce qu'il y a, chez elle, d'hommes de sens et d'honneur, de gens d'esprit et de gens de bien qui gémissent de ses écarts de l'intérieur comme de l'extérieur, en dépit de ses propres gouvernants qui s'épuisent en efforts incessants pour la maintenir dans les voies de la raison, de la morale et de la justice, mais qui, eux-mêmes, se voient souvent obligés de se mettre, malgré eux, à la remorque d'une opinion publique faussée à tant d'égards : Voyez-la, dis-je, aujourd'hui déplorablement éloignée de son point de départ, donner, fantasque et mobile, un éclatant démenti à tous ses précédents; et, faute désormais de principes arrêtés, aussi bien que par l'inspiration d'un sentiment d'orgueil impitoyable qui ne trouve plus de digues dans la raison publique, se livrer, en politique aussi bien qu'en morale, à toutes les contradictions de conduite les plus flagrantes et les plus étranges : sortie d'une résistance à l'oppression, se faire oppressive tout autour d'elle ; née d'un mouvement d'affranchissement, préconiser et pratiquer l'esclavage dans la moitié de ses domaines ; nourrie dans les idées d'un puritanisme sévère, en rejeter les vertueuses traditions, en fouler aux pieds tous les principes, l'esprit de famille et l'esprit religieux tout aussi bien que l'esprit de modération et l'esprit de simplicité ; vouée désormais et avant tout au culte de l'or et des jouissances matérielles, ne plus rien voir et estimer hors de là ; considérer la richesse et la puissance comme le seul et unique but de la vie privée et de la vie publique, et faire au besoin ardent, furieux, désordonné, d'acquérir l'une et l'autre, le sacrifice de toutes ces idées qui doivent rester constamment la loi impérieuse et prédominante de tout homme qui se respecte et qui veut conserver sa dignité, les idées de devoir, d'honneur, d'équité naturelle ; mettre, en tout, la raison d'utilité au premier rang des mobiles humains, privés ou civiques, et, de ce défaut de sens moral qui grandit de plus en plus, en arriver à faire des hontes de la banqueroute, non seulement un moyen normal de s'enrichir dans le commerce individuel, mais encore un moyen de protection de l'intérêt national dans les rapports commerciaux du pays avec les autres nations (1). Faire du vol impudent des deniers publics un moyen de fortune pour ses magis-

(1) Tout le monde a pu lire, dans l'une des familles américaines les plus accréditées, cette étrange réflexion, très sérieusement présentée au pays comme moyen de se rassurer sur l'effet des dernières crises financières, à savoir: « que ces crises avaient été plus utiles que nuisibles aux États-Unis, en ce sens qu'ayant reçu des masses considérables de marchandises, à eux livrées par des négociants européens, contre règlements en traites à échéance, les négociants américains n'avaient point payé les traites tout en gardant les marchandises. » Et nul dans le pays n'a eu l'idée de s'élever, du moins publiquement, contre cette profession publique si naïve d'indélicatesse nationale.

trats municipaux (1) ; du brigandage extérieur avoué ou toléré de la flibusterie, un élément de sa politique d'agrandissement incessant ; enfin du duel extravagant, féroce, ou même de l'assassinat, le moyen habituel de vider presque tous les différents et jusqu'aux querelles les plus frivoles (2).

En présence de ce tableau dont tout le monde peut reconnaître la vérité, de ces excès dont gémisssent profondément les hommes de bien que possèdent encore en grand nombre les États-Unis, excès qui sont manifestement la conséquence obligée de l'absolutisme de leurs doctrines démocratiques et de la liberté déréglée qu'elles comportent, qui pourrait vouloir, pour son propre pays, un régime au bout duquel seront partout en définitive des résultats analogues ?

Mais, me dira-t-on, comme pour racheter ces abus, effacer ces taches nationales, voyez les merveilles produites aux yeux du monde entier par le peuple américain ! Voyez les œuvres admirables d'industrie, fruit de son infatigable ardeur, de son incroyable activité d'esprit et de corps ! Ces immenses déserts fécondés, ces canaux, ces chemins de fer jetés par centaines sur d'incommensurables étendues de pays, ce refoulement de la barbarie indienne par la civilisation d'Europe jusqu'aux dernières limites du Nouveau-Monde !

Eh bien, oui, sans doute, je vois, j'admire tout cela : je rends hommage à ces faits merveilleux de l'activité, de l'intelligence du peuple américain ; mais, d'abord, je dis qu'il n'est pas le seul qui ait donné des exemples semblables : que d'autres nations, même parmi les nations modernes, vivant sous un régime tout autre, ont avant lui étonné l'univers par des œuvres colonisatrices ou civilisatrices de nature et de grandeur presque pareilles (3) sans que leur moralité nationale en ait subi des atteintes aussi rudes, d'où il suit que l'on ne peut admettre les merveilles produites par le peuple américain comme la compensation rationnelle et logique de ses désordres moraux. Puis cela fût-il vrai pourtant, je dis que la moralité humaine, que l'honneur de toute une nation, sont d'une considération bien plus haute que les œuvres matérielles les plus gigantesques et qu'en ce sens l'Amérique aurait payé beaucoup trop cher son génie et sa prospérité. Non seulement la grandeur ne doit pas s'acheter par des actions mauvaises, mais encore il n'y a, pour les peuples, comme pour les individus, de grandeur véritable que celle qui se fonde sur les lois éternelles de la justice, de l'honneur et de l'humanité. Tout le reste n'est qu'une immense et triste erreur ou une criminelle illusion !

(1) Ce sont encore des familles américaines qui ont tout récemment annoncé l'énorme détournement des deniers publics à raison duquel il était question de poursuivre des magistrats municipaux, mais tout en exprimant le doute que, malgré l'évidence du fait, cette poursuite pût avoir un résultat utile, vu l'insouciance habituelle du pouvoir et de la justice à l'égard de tels actes devenus très fréquents.

(2) Qui ne connaît les exploits des nouveaux flibustiers que produit presque sans relâche le sol des États-Unis, et qui s'y meuvent, s'y préparent avec une si étonnante facilité à leurs envahissements successifs.

(3) Les Français, les Portugais, les Espagnols, les Anglais, etc., sous leurs rois, les Hollandais, sous leurs stathouders, bien autrement puissants, politiquement, que les présidents des États-Unis.

II

Sur l'idée de création d'une Caisse publique de Secours pour les Gens de lettres et Artistes.

J'ai donné à l'auteur de l'objection qui se réfère à la difficulté prétendue d'attribuer indéfiniment aux héritiers la jouissance du droit littéraire, et qui se résume en une proposition de création d'une caisse de secours formée par les retenues à faire sur les éditeurs successifs, le titre *d'initiateur* de cette idée.

Je ne voudrais pas lui contester maintenant ce mérite. Pourtant, la justice veut que je constate un fait qui implique contradiction, car il faut faire remonter bien plus haut l'émission de cette idée de caisse de secours.

Ce fait est celui des démarches empressées faites en 1828 par une réunion d'écrivains et d'artistes également distingués, dans le but de faire adopter législativement les résultats du travail de la Commission de 1825.

J'ai sous les yeux la minute d'une pétition aux chambres à ce sujet. Elle avait été rédigée par l'un d'eux, homme de haute intelligence, M. Ferdinand Langlé, lequel, auteur lui-même de plus d'une œuvre remarquable, soit littéraire, soit dramatique, où brillent autant d'esprit que de goût, n'avait pas hésité, quoique placé dans des conditions d'indépendance parfaite du gouvernement d'alors, et presque d'opposition, à se faire le chaleureux partisan de l'œuvre de la Commission, et à partager le vif désir d'un grand nombre de ses confrères de voir la législation améliorée en ce sens.

Or, dans cette pétition, écrite en entier de la main de M. Ferdinand Langlé, se trouve cette phrase, qui va tout directement au but d'une création analogue à celle dont je parle plus haut.

« .... Nous pensons aussi qu'il serait utile, **dans le cas où les familles des auteurs seraient totalement éteintes**, que les droits (à » elles attribués), fussent encore perçus *au profit d'une* **caisse, dont les » revenus serviraient à doter soit les descendants des hommes » de génie, soit des gens de lettres ou artistes tombés dans le » malheur**. »

Comme on le peut voir par ces termes, il ne s'agissait point ici de dépouiller les familles de leur droit, mais seulement d'affecter leur succession, *tombée en deshérence*, à la fondation d'une œuvre de munificence et de secours envers les lettres et les arts.

Sous ce rapport, l'idée de 1828 l'emporte assurément beaucoup en justice et en convenance sur l'idée de 1858, et je me trouve heureux d'avoir à rendre ici cet hommage à l'homme, si excellent d'ailleurs, qui peut être considéré comme le principal auteur de la proposition.

Cette mesure sera certainement l'une de celles qui mériteront le plus l'honneur de l'examen, quand la législature sera saisie.

APPENDICE

DISCOURS

SUR

LES BEAUX-ARTS

Les réflexions qu'on va lire sont la reproduction d'une sorte de Discours préliminaire placé en tête de l'ouvrage, encore inédit, que je me propose de publier plus tard sous ce titre : DE L'ADMINISTRATION DES BEAUX-ARTS, ET DE LA NÉCESSITÉ DE SA CONCENTRATION.

C'est, je l'ai déjà dit, l'analogie parfaite, à beaucoup d'égards, de la matière de mon présent Écrit avec celle traitée dans cet autre ouvrage qui m'a donné l'idée d'en livrer, dès aujourd'hui, ce fragment à la publicité. Il contient, en effet, en même temps qu'une démonstration du besoin que les Lettres et les Arts ont manifestement d'une direction unique, forte et homogène, des vues d'ensemble sur leur pratique dans ses rapports les plus élevés avec l'intérêt public, non moins qu'avec l'intérêt privé des hommes qui les cultivent.

L'accueil, plus ou moins favorable qui sera fait à ces idées par l'opinion, aura pour moi, dans l'un ou l'autre cas, l'avantage de me fixer sur la question que je me suis souvent posée à moi-même de savoir si je dois ou non passer outre à la publication de l'ouvrage très étendu dont je viens de parler.

MATIÈRES TRAITÉES

DANS CE DISCOURS.

I. — Nature et fins des Beaux-Arts.

Les Beaux-Arts sont le moyen d'expression donné à l'esprit humain pour rendre d'une manière plus saisissante et plus durable les idées, les sentiments, les sons, les traits et les images qui l'ont impressionné. — Ils partagent avec les Sciences la mission divine d'élever et de développer l'intelligence de l'homme au niveau de sa destination la plus haute.

II. — Étude comparée des Sciences et des Beaux-Arts.

Grandeur, beauté, utilité des Sciences. — Écueils de leur étude. — Demi-lumière, erreur, sophisme, scepticisme, athéisme. — Triste influence de ces abus sur la raison et la moralité humaines. — Les Beaux-Arts presque affranchis de ces dangers. — Les Sciences elles-mêmes sont, à beaucoup de points de vue, tributaires des Beaux-Arts.

III. — Abus auxquels peuvent, néanmoins, prêter les Beaux-Arts.

Licence des compositions littéraires et artistiques. — Licence des représentations théâtrales. — Mise en scène des grands crimes ou des vices vulgaires. — Déplorable effet possible de ces représentations. — Excellents effets que pourrait produire une direction contraire donnée au talent des auteurs et des acteurs. — Nécessité d'obvier gouvernementalement à ces désordres et à ces dangers : appel à l'autorité sur ce point capital.

IV. — L'Art musical exempt de ces abus.

Éloge de la musique : ses charmes, ses prodiges, ses ressources contre le mal physique et moral. — SAUL, CHARLES VI, etc. — Parfaite innocuité de principe de l'art musical. — Hommage aux grands-maîtres de l'art.

— V. Au demeurant, tous les Beaux-Arts, sources des plus nobles jouissances.

Hommage aux grands écrivains des siècles passés. — A ceux de l'âge moderne. — Hommage au génie des femmes illustres dans l'art d'écrire et dans les autres arts.

VI. — Le culte des Beaux-Arts est universel et de tous les temps.

Les peuples les moins avancés, les sauvages même, ont le goût et la pratique des Beaux-Arts, et, proportion gardée, ils ont aussi leurs chefs-d'œuvre, objets de sympathie et d'admiration.

VII. — Idées générales sur la direction à donner aux Beaux-Arts.

Il importe à la moralité publique et à la conservation du bon goût que le pouvoir social se mette à la tête du mouvement des Beaux-Arts. — Cette impulsion ne peut relever directement que du pouvoir souverain. — Difficultés, délicatesse extrême de la direction de cet important service public. — Nécessité d'une grande latitude d'initiative et de spontanéité. — Largeur de Budget, donnant les moyens d'une grande et libérale assistance.

VIII. — Division de l'Ouvrage dont ce Discours est le programme.

Nomenclature des matières qui doivent faire l'objet d'une administration des Beaux-Arts. — Organisation intérieure de l'administration. — Son mode d'action extérieure. — Règles principales qu'elle doit s'imposer. — Question des récompenses et encouragements. — Question des concours littéraires. — Question des expositions d'art. — Nature du pouvoir à conférer à l'administrateur. — Création obligée d'un Ministère des Beaux-Arts.

LES BEAUX-ARTS

CONSIDÉRÉS

AU POINT DE VUE DE LA MORALE PUBLIQUE

ET DE LEUR ADMINISTRATION.

I

Nature et fins des Beaux-Arts

Ce qu'il y a de plus brillant et de plus doux, à la fois, dans la vie morale et intellectuelle des Peuples ce sont les Beaux-Arts qui le donnent : les Beaux-Arts qui, d'âge en âge, suscitent, exaltent en nous toutes les puissances de l'intellect portées vers les idées, les sentiments, les sons, ou les images qui impressionnent le plus fortement, le plus délicieusement nos âmes : les Beaux-Arts, dont la magie, participant pour ainsi dire de la faculté créatrice du Très-Haut, a l'heureux privilége de produire au jour, pour le charme des yeux, tantôt les formes suaves ou grandioses du beau réel en toutes ses plus merveilleuses conditions de nature, tantôt les fantastiques beautés de l'idéal revêtues de leur plus séduisante apparence, en même temps qu'elle sait donner, pour le charme de l'esprit, une voix à nos sensations intérieures, un organe à ces besoins d'expan-

9

sion qui nous travaillent dans les profondeurs du sens intime et qui sont les nobles symptômes auxquels se reconnaît la spiritualité de l'être humain : les Beaux-Arts, enfin, dans lesquels on aurait si grand tort de ne voir qu'un moyen de distraction et d'amusement de l'esprit, puisque, dans la réalité, la plupart d'entre eux partagent avec les sciences la mission divine d'élever le génie de l'homme au niveau de sa destination la plus haute, qui est, avec son perfectionnement moral continu, l'amélioration progressive de sa nature !

II

Étude comparée des Sciences et des Beaux-Arts.

En considérant les Beaux-Arts sous ce dernier rapport, l'on pourrait même être tenté de leur donner, en certains points, le pas sur les connaissances d'un autre ordre dont nous venons de parler.

Grandeur, beauté et utilité des Sciences.

Sans doute, les sciences agrandissent l'esprit; sans doute, leur étude lui apporte, avec la richesse et la variété du savoir, cette aptitude à comparer qui constitue le jugement : elle l'habitue à la méthode, à l'analyse et, par là, lui sauve les écarts dont l'imagination, cette brillante inspiratrice des Beaux-Arts, a souvent tant de peine à se défendre ; les sciences, surtout celles qui ont pour objet l'observation des forces de la nature, ouvrent à l'esprit des horizons qu'il n'apercevait pas : leur pratique persévérante est la cause et l'alimentation de sa marche successive, de ses gradations incessantes : c'est par elle qu'il arrive à cette merveilleuse découverte des lois du monde physique, sorte d'initiation aux mystères de la création permise par le Créateur pour que l'homme pût reconnaître, avec la supériorité de son essence, l'adorable bonté, qui, par le don de l'intelligence, le fit véritablement roi de tous les êtres créés.

Écueils de l'étude des Sciences.

Mais si la science revêt incontestablement ce caractère de grandeur et de sainteté; si, en échange de l'innocence et de la simplicité primitives, elle a été donnée à l'homme déchu comme un moyen de se relever de l'indignité de sa chute en remontant jusqu'à Dieu par l'admiration et la reconnaissance, hélas! pourquoi faut-il que la faiblesse et l'infirmité de sa nature le poussent si souvent à l'abus de ce don merveilleux! Pourquoi l'orgueil, père du sophisme, a-t-il la puissance d'égarer, de fausser le jugement, et, souvent, par le trouble de l'esprit, d'amener la perversité du cœur! Pourquoi, tout à la fois, sceptique et crédule, repoussant le vrai avec opiniâtreté pour donner obstinément dans le faux, met-il à seconder l'action du mal une si grande part de la faculté qui lui fut départie pour la recherche et la glorification du bien!

Ainsi le voulut sans doute, ainsi, manifestement, le dut vouloir la sagesse suprême, afin de laisser au libre-arbitre, qui fait seul la moralité des actions humaines, tout son souverain pouvoir de conseil et d'action. Et, d'ailleurs, l'ineffable bonté du Tout-Puissant ne nous donna-t-elle pas, comme efficace secours contre les suggestions de l'orgueil et du mauvais principe, cette magnifique, cette adorable doctrine chrétienne, la plus solide base du devoir, la plus infaillible règle de toutes les actions, et dont l'observation fidèle répond à tous les désirs légitimes de lumières, d'affection, de bien-être et de liberté?... Si, par un volontaire aveuglement, l'homme ferme les yeux à cette lumière divine, s'il récuse, ou dédaigne l'appui de ce guide céleste, à lui seul le tort grave, l'énorme faute de ce délaissement coupable, à lui seul sa terrible responsabilité!

Quoi qu'il en soit, et laissant ces aperçus élevés pour des idées plus terrestres, il est certain que ces déviations de la droiture primitive n'en sont pas moins à déplorer au point de vue de l'ordre social, surtout lorsqu'elles se portent sur l'étude des sciences, car ce triste germe d'erreur s'y développe trop fréquemment d'une bien funeste manière : il enfante le doute et l'incrédulité sur des points où la foi doit servir d'auxiliaire à la raison pour maintenir, dans la société, les principes qui sont la plus sûre garantie de son bonheur; il crée, dans nombre d'esprits, dont la lucidité ne saurait atteindre jusqu'à la perception des vérités complètes, ces demi-lumières, souvent plus dangereuses encore que l'ignorance absolue, par l'exaltation d'orgueil qu'elles produisent dans des intelligences vulgaires, inhabiles le plus fréquemment, à discerner le vrai sous les sophismes que le faux accumule pour l'étouffer. Il fonde ces systèmes dont, capricieuse et déréglée, l'invention fait seule les frais, dont l'athéisme est la fin parce que le scepticisme en est la base, qui sapent dans les âmes la sainte loi du devoir en contestant son origine céleste, et qui tendent, par cela même, à la destruction de toute discipline sociale.

Les Beaux-Arts affranchis de ces dangers.

Plus heureux, les Beaux-Arts n'ont pas à redouter des aberrations aussi fatales, aussi pleines de périls pour la moralité humaine. L'orgueil peut bien aussi, parfois, faire irruption dans leur domaine : excentrique et paradoxal par nature, l'esprit de système peut bien y porter ses rêveries ; l'ambition du rôle de novateur, la fureur de faire école, ou même simplement, l'amour sincère mais excessif et peu raisonné du nouveau, peuvent bien s'efforcer de les faire dévier de la route du bon goût ou des règles du beau ; mais ces efforts ont moins de portée à l'égard de l'ordre moral ; ils présentent moins de dangers pour l'intérêt et le principe conservateur des sociétés. Par bonheur, les Beaux-Arts reposent, en général, sur un sens intime, difficile à tromper : presque toutes leurs aspirations sont de sentiment, sont harmoniques aux idées, aux sensations innées de chacun, et, tous, dès lors, en peuvent juger sans recourir aux appréciations réfléchies de l'intelligence ; ce sont, en un mot, choses qui se sentent plutôt que choses qui s'analysent ; le cœur, qui si souvent fait fausse route, s'égare moins pourtant que l'esprit, et, dans tout ce qui touche aux impressions produites en nous par les objets extérieurs, la sensation spontanée nous sert mieux que ne pourraient faire la méditation ou les enseignements d'autrui : voyez un beau tableau, une belle statue, entendez une bonne musique, ou bien écoutez de beaux vers, est-ce que vous ne sentez pas que l'admiration, que l'émotion vous gagnent et vous ravissent, même avant que votre raison ait pu se rendre compte logiquement de ces beautés? Est-ce que votre sentiment intime n'aura pas, dans sa vive approbation tacite ou exclamée, précédé tout travail d'analyse en vous-même ou bien tout jugement de votre voisin sur les droits du chef-d'œuvre à cette approbation? Vainement la controverse et la critique prétendraient s'élever contre cette impression de vos sens; la dialectique la plus subtile, le plus adroit sophisme y échoueraient sans nul doute et rien ne parviendrait à détruire, au moins sur le moment, la réalité comme la douceur de vos émotions: heureux donc les Beaux-Arts qui nous charment surtout par la nature et par la vérité!

La science, tributaire des Beaux-Arts.

Pour compléter ce parallèle, autant que le peut permettre la concision que nous voulons donner à notre texte, n'oublions pas de constater ici que la science elle-même est, à plus d'un titre, tributaire des Beaux-Arts.

Et, en effet, sans le premier d'entre eux, l'art d'écrire, quelles ne seraient pas la sécheresse ou la confusion des exposés scientifiques? il faudrait, bien souvent, à l'esprit du lecteur presque un héroïque courage pour les aborder, vu la fatigue que donnerait leur compréhension, et ce serait là, évidemment, pour la diffusion de ces trésors de savoir un grand et réel obstacle. Voyez, tout au contraire, pour ce qui touche ces génies exceptionnels qui se sont révélés au monde vulgaire comme au monde savant par des livres fameux, qui sont, à la fois, des sources de lumière et des modèles de style, quel puissant véhicule leur belle élocution a été pour les vérités découvertes par eux! Lisez PLATON, PLINE, EUCLIDE, NEWTON, PASCAL, DESCARTES, LEIBNITZ, BUFFON, CUVIER, LACÉPÈDE, ARAGO, etc., et vous resterez pleinement convaincu de l'appui merveilleux que les lettres apportent à la science.

Il est bien d'autres applications encore qui les rattachent l'une et l'autre par un lien intellectuel des plus étroits; la géométrie, par exemple, et toutes ses branches diverses si importantes (au premier rang desquelles il faut mettre la mécanique, science qui, par ses applications quasi-universelles, est, pour ainsi dire, le pivot sur lequel se pose et se meut tout le monde des arts et de l'industrie), la géométrie, disons-nous, et tous ses congénères, seraient, sans le secours du dessin, dans la presque impossibilité de se faire comprendre du commun des esprits: c'est la puissance démonstrative des lignes et des figures qui leur sert à pénétrer jusque dans les intelligences les plus rebelles. Il en est ainsi de l'astronomie, dont les sublimes vérités empruntent si fréquemment avec succès l'aide efficace de ces mêmes arts du dessin ; ainsi de l'optique, de la physique, de la chimie, qui n'y ont pas moins souvent recours pour rendre compte de leurs phénomènes ou vulgariser leurs résultats ; ainsi, enfin, de la médecine, de la chirurgie, de la botanique, lesquelles tirent de l'art des lignes et traits graphiques leurs meilleurs moyens d'enseignement ; et cela sans parler ici de ce que, dans tous les temps, et surtout au temps présent, la grande et terrible science de la guerre a emprunté à l'art musical d'énergiques moyens d'action sur le moral du soldat.

III

Néanmoins la pratique des Beaux-Arts a aussi ses abus.

De ce que tant de causes concourent à donner aux Beaux-Arts une importance capitale dans l'ordre des connaissances humaines, ce n'est pas à dire toutefois que rien ne puisse en ternir l'éclat et altérer en partie les jouissances que nous leur devons, ce n'est pas à dire que l'abus n'en puisse vicier l'usage et que l'ordre moral ne vienne à souffrir aussi parfois des applications qui leur sont données : trop habile corrupteur, l'esprit du mal sait faire prêter à ses trahisons envers nous toutes les forces vives de notre intelligence ; des aptitudes qui furent mises en nous pour charmer l'esprit il sait user pour flétrir le cœur : en cela il ne fait que trop souvent des Beaux-Arts ses complices : peinture, sculpture, gravure, lettres, poésie lui deviennent alors des auxiliaires bien tristement puissants. Ce qui devait servir à orner l'imagination, à former les âmes, à développer le goût, et, mieux que tout cela encore, à faire l'honneur de toute une nation, ne sert plus, hélas ! qu'à dégrader avec l'esprit, avec le cœur, avec le goût des individualités privées, la valeur morale des masses et la bonne renommée du pays?

Prenons, pour exemple, les abus auxquels peuvent prêter et l'art d'écrire et les arts du dessin :

Licence des compositions littéraires ou artistiques. — Vrai danger social.

Qui pourrait nier (1), qui oserait ne pas déplorer l'effet que produit sur l'état des mœurs publiques la licence des compositions par lesquelles se déshonorent si fréquemment, de nos jours, tant d'adeptes plus ou moins fameux de la littérature et des arts, rabaissant d'eux-mêmes leur esprit, courbant leur génie au niveau des hontes d'une ignoble spéculation industrielle sur nos mauvais penchants?

Licence des représentations théâtrales.

Et les arts de la scène, ces nobles amusements dont on pourrait faire, en même temps et avec une si heureuse facilité, des moyens d'enseignement et de moralisation des masses, quel n'est pas le dévergondage auquel ils arrivent trop souvent et quel triste contingent d'action n'apportent-ils pas ainsi à la corruption des mœurs publiques? Quel est l'homme doué de quelque gravité d'esprit, de quelque délicatesse de cœur qui, en présence des tableaux journellement offerts à nos yeux sur certaines scènes (nous pourrions presque dire sur toutes les scènes (2), n'en comprendrait pas le danger? Quel est le père de

(1) On s'apercevra sans peine que les quelques développements dans lesquels j'entre (de cette page à la page 138) sortent du cadre des seules idées élémentaires faisant la matière de ce discours. Et, en effet, ils sont compris dans l'ensemble de l'ouvrage, au chapitre III qui traite des règles principales à observer pour la direction la plus utile à imprimer à chacune des branches des Beaux-Arts; mais j'ai pensé, vu leur étroite connexité avec ce qui précède, pouvoir les en détacher pour en transporter ici quelque chose.

Je demande grâce au lecteur pour cette violence à son attention et j'espère qu'il voudra bien me la pardonner en faveur du but moral de la publicité que je donne ainsi, par avance, à ces réflexions sur un point qui importe si essentiellement à l'intérêt général

(2) J'excepte avec empressement, et c'est justice, de ce reproche notre première scène dramatique et comique. Il est certain que la Comédie-Française a su conserver autant que le permettaient la nature des choses et le mouvement de l'époque, les traditions d'art, de bon goût et de convenance morale qui lui furent presque toujours propres dans le passé.

Cette bonne tendance, à notre présente époque, est surtout plus sensible encore depuis que la direction du *Théâtre-Français* a été remise aux mains de l'homme plein de zèle et de talent qui, après avoir fait brillamment ses preuves comme écrivain dramatique, a donné là des gages non moins heureux de ses aptitudes administratives déjà éprouvées ailleurs.

La justice veut aussi qu'on dise que nos grandes scènes lyriques se maintiennent habituellement dans une honorable exception.

famille, jaloux, comme tous doivent l'être, de la pureté d'imagination de ses enfants, qui n'hésiterait à l'offenser par de tels tableaux dont le propre est d'obliger l'esprit à descendre dans les bas-fonds, dans la sentine des mœurs perdues, et qui sont une trahison véritable envers l'innocence en la forçant à comprendre le vice? Il faudrait être bien aveugle ou bien malheureusement doué du côté du sens moral pour ne pas pouvoir se rendre compte du ravage que doit exercer dans les âmes ce spectacle en permanence, tantôt des faits et gestes du vice élégant et parfumé, étalant à plaisir, au milieu des séductions de la scène, tant de sophismes coupables qui par les sens s'emparent de l'esprit, tantôt de ces trivialités repoussantes par lesquelles, en ne présentant au peuple que ce qu'il y a de plus brutal et de plus ignoble dans la vie habituelle d'une partie de lui-même, on le ravale à ses propres yeux, on le maintient dans la pratique des penchants grossiers, lorsqu'il serait si facile de créer, là, pour lui, par une bonne direction des jeux de la scène, une véritable école de mœurs populaires, impliquant le goût et l'habitude des sentiments nobles ou délicats.

Mise en scène des grands criminels. — Usage très reprochable.

Mais en quoi, surtout, nous paraît essentiellement reprochable la direction donnée aux représentations théâtrales du second et du troisième ordre, c'est en ce qui touche l'usage de reproduction sur la scène de tous les grands crimes qui ont, dans leur temps, effrayé la société. Plus ces crimes furent affreux et plus ils semblent avoir, au sens de certains auteurs dramatiques, de droits acquis à cette résurrection, et il n'est presque pas un seul d'entre ces dramaturges aventureux qui, cherchant à rendre ses peintures plus saisissantes pour le public, ne s'ingénie à idéaliser son modèle, à lui donner des proportions quasi-héroïques, et à le rendre ainsi, pendant une longue suite de scènes, plus ou moins habilement enchaînées, l'objet des prédilections de la foule des spectateurs, assez peu difficiles, au reste, qui affectionnent le plus ce genre de spectacle; heureux quand ce n'est que par le terrible que l'auteur pense à exciter cet intérêt, et quand il ne se croit pas obligé de faire, pour plaire davantage à son public, une excursion dans le domaine de l'ignoble! Alors tout ce qu'il y a de nauséabond dans la trivialité grossière d'action et d'expression du vaurien, du voleur et de l'assassin vulgaires, est mis à contribution pour donner, comme on dit, au rôle sa couleur; alors, aussi, c'est le vil et dégoûtant langage de l'argot qui fait les frais du dialogue, du moins pour tout ce qui en a pu glisser encore entre les doigts de la censure dramatique, appliquant la sage défense du pouvoir à ce sujet (1). Et c'est ainsi qu'en galvanisant, pour le faire parader sur la scène, ce cadavre maudit arraché aux gémonies de la justice, qu'en couvrant des artifices de la parole l'horrible nudité des crimes qui le conduisirent à l'échafaud, l'on arrive à créer dans les esprits grossiers une sorte d'intérêt en faveur de ce grand coupable et presqu'à le réhabiliter en diminuant à leurs yeux l'odieux de forfaits que les prestiges de la scène ont pris sous leur égide! C'est ainsi qu'on vulgarise, pour les gens du monde, au grand scandale du goût et de la morale, cette langue corrompue et corruptrice dont les viles équivoques devraient être abandonnées aux habitués des bagnes ou rester enfouies à jamais dans les bouges les plus infâmes! Il ne serait, certes, pas insensé de se demander si, au moment où il sort de ces spectacles si tristement saisissants, quelqu'un de leurs spectateurs, déjà, d'ailleurs, secrètement à moitié gagné au crime par la paresse et les désordres, ne se sent pas plus à l'aise dans ses affreuses velléités d'imitation de l'héroïque scélérat dont il vient de voir si bien dramatiser les faits odieux (2).

Déplorable effet possible de ces représentations.

Maintenant supposez qu'au lieu de toutes ces ignobilités, de toutes ces infamies, l'on ait mis (ainsi que, du reste, cela, par bonheur, n'est pas, sans exemple, de la part d'auteurs, hommes de grande conscience et de grand talent, animés du respect du public et d'eux-mêmes, auxquels nous sommes heureux d'avoir à rendre ici cet hommage sincère) on ait mis, disons-nous, sous les yeux de la même réunion de spectateurs une belle et touchante fable, bien dramatisée, reproduisant en

Effets excellents que pourrait produire la direction contraire.

(1) Circulaire ministérielle aux Directeurs de théâtre interdisant l'emploi sur la scène les termes d'*argot*.

(2) Je tiens d'un honorable et savant magistrat que presque toutes les époques où les théâtres se sont laissé aller à cette fâcheuse tentation de traduire sur la scène les traits divers de la vie des grands coupables, notamment des brigands et voleurs fameux, avaient été marquées par une recrudescence de crimes analogues.

noble langage et avec sa couleur vive et forte un grand fait de dévoûment à l'honneur, à la famille, à la patrie ou à l'humanité, vous verrez ces mêmes hommes, ravis, transportés, s'assimiler d'enthousiasme, ne fût-ce que pour le moment, les beaux sentiments qu'ils viennent de voir se développer devant eux et sortir de la représentation meilleurs certainement qu'ils n'y étaient entrés. Tant le bon exemple a de force sur les cœurs! tant sont coupables envers l'ordre moral, ceux qui, le pouvant servir par leur talent employé avec zèle à cette constante excitation au bien, se laissent entraîner dans la voie opposée par l'appât d'un misérable intérêt d'argent!

Et ne me dites pas que ce serait là, de votre part, peine perdue en raison de la nature du public qui vous écoute, que ces beaux sentiments l'ennuieraient, que ces belles phrases ne seraient pas comprises : erreur! erreur flagrante! injustice véritable! Le peuple, surtout notre peuple de France, lorsqu'il est laissé à lui-même, et lorsqu'il ne lui est donné que de bons enseignements, le peuple est plein de chaleureuse sagacité naturelle pour comprendre tout ce qui est noble et beau : il a, par excellence, le don de la spontanéité de tous les grands entraînements, et, de même qu'en lui soufflant le feu des passions mauvaises on le pousse sans peine aux emportements les plus affreux, de même, quand on sait faire vibrer en lui la corde qui répond aux bons instincts du cœur, on le rend, avec une facilité pareille, susceptible des émotions les plus douces ou des élans les plus sublimes.

Et, pour ce qui est de la perception des beautés du style, le peuple est, certes, bien loin d'en être dépourvu : pour en rester convaincu sans réserve, il suffit d'assister, comme je l'ai moi-même fait maintes fois dans cette vue, à une représentation gratuite de quelqu'un de nos chefs-d'œuvre dramatiques anciens ou nouveaux; on sera surpris, on restera dans l'admiration de voir avec quelle sagacité la foule saisit et applaudit les plus beaux passages, s'enthousiasme aux plus nobles figures et se met pour ainsi dire au niveau des grands esprits qui parlent devant elle par la bouche des acteurs. Oui, je le répète, à un.

tel peuple de spectateurs on peut, avec toute certitude de ses sympathies, offrir des œuvres où dominent les bons sentiments et les belles paroles, au lieu des infamies d'action et des ignobilités de style qu'on croit seulement capables de l'intéresser. Quelle n'est donc pas la responsabilité morale qui pèse sur ceux d'entre les hommes de la littérature et du théâtre dont l'erreur ou le caprice, lui faisant l'insulte de cette croyance, le jettent dans une voie si périlleuse à tous égards?

Mais le public n'est-il pas plus coupable encore que les auteurs?

Mais, quelque fondé que je me croie fermement à ces doléances, pourtant un scrupule me saisit : j'ai peur d'être injuste ; je crains de faire peser trop sévèrement sur les seuls auteurs de toutes ces ces œuvres littéraires ou dramatiques un tort qui ne serait qu'en partie le leur et que rendrait moins reprochable contre eux, à certains égards, une force de choses qui leur ferait prendre en quelque sorte malgré eux cette direction malheureuse.

Et, en effet, est-ce que le mauvais goût public ne pourrait pas être pour beaucoup dans ces fâcheuses tendances de la littérature et du théâtre? Est-ce que ces masses de lecteurs ou de spectateurs, de tout ordre, qui se précipitent au-devant de tous les romans échevelés, de tous les spectacles équivoques ou scandaleux, ne peuvent pas être considérés comme les participants, comme la première cause peut-être, des désordres moraux qui en peuvent résulter? N'est-il pas visible que si les bons ouvrages, si les pièces morales trouvaient le monde lisant et assistant plus nombreux et plus empressé, la littérature ordinaire et la littérature dramatique seraient naturellement encouragées à produire de préférence dans cette couleur?

Mais en présence de cette disposition contraire d'une si grande part du public, que voulez-vous que fasse, surtout cette jeune génération littéraire de nos jours, jetée en masse par son éducation avancée mais qui ne lui peut que bien difficilement valoir une position utile, dans les espaces, trop souvent hélas! imaginaires, de la littérature et des arts, cette jeune génération, si riche d'esprit et de cœur, mais si pauvre d'espèces et, parfois, aussi, il faut le dire, de principes arrêtés? Elle a, je le sais, car toujours la jeunesse est féconde en inspirations généreuses, elle a le goût naturel des bonnes et nobles choses : elle ne demanderait pas mieux que de voler sur les ailes de son génie à la gloire en même temps qu'à la fortune; mais, enfin, il faut vivre ! Pour vivre, il faut pouvoir faire argent de son travail, c'est-à-dire, vendre ses compositions, et comme elle se trouve, à cet égard, en face d'un certain public, par malheur le plus nombreux, qui n'a guère d'ardeur que pour les énormités de toutes sortes, elle voit bien que ce côté du nombre est essentiellement celui d'où vient le succès d'argent : pourtant elle hésite encore ; ses instincts du bien suscitent en elle d'honorables scrupules ; mais bientôt, ces scrupules sont les plus faibles : la faim dans les uns, l'amour des jouissances dans les autres, finissent par les mettre, comme malgré eux, dans la voie fatale, et ils s'y élancent, alors, avec toute la verve, avec toute la fougue de leur âge ; ils nagent en pleine Bohême littéraire, et, malheur au bon goût, malheur à la morale, car moins l'un et l'autre seront respectés, plus l'œuvre sera pour l'auteur une source abondante de profits. Vous voyez bien que le public est, en vérité, le premier coupable !

Recherche des moyens de remédier à tous ces abus.

C'est une rude tâche, sans doute, que celle de combattre, de détruire dans les masses une telle disposition, mais qui peut dire pourtant que cette tâche soit impossible? Nous verrons ailleurs (1) ce que la saine raison et la sage politique administrative permettent d'espérer sur ce point.

Ce qui n'est que trop vrai, c'est que presque toujours les auteurs dramatiques ne sont entraînés vers les malheureuses compositions dont nous avons parlé que par l'espèce de force majeure à laquelle leur semble les soumettre, en dépit d'eux-mêmes, et le mauvais goût du plus grand nombre des spectateurs de la scène pour laquelle ils travaillent, et les exigences qui en naissent de la part des directions théâtrales recherchant, comme cela est naturel, et admettant de préférence les pièces qui leur paraissent devoir attirer le plus leur public. Je sais bien que cette dernière considération implique très souvent une question de vie ou de mort pour l'exploitation d'un théâtre, et je ne peux pas blâmer bien sévèrement un directeur d'y déférer, car ce

(1) Cette question est traitée au chapitre III de l'ouvrage dont il a été parlé déjà.

peut être aussi, pour lui, par voie de conséquence, une question d'honneur commercial ; mais je n'en déplore que plus vivement un état de choses tel que le sort de la moralité publique et celui du bon goût littéraire sont mis chaque jour à la merci d'un intérêt d'argent. Je dis qu'il doit forcément y avoir là un vice organique à rechercher et à détruire, un paralogisme administratif qu'il faut découvrir, un grave problème gouvernemental dont il importe essentiellement de chercher la solution, pour ne pas laisser accuser le pouvoir de rester indifférent à cette action si manifeste et si malfaisante de la licence des théâtres sur la dignité morale du pays. Peut-être, en scrutant sur ce point spécial les idées que je développe dans une autre partie de l'ouvrage, trouvera-t-on que la conciliation n'est pas impossible entre les intérêts divers engagés dans la question, et tous recommandables à leurs différents degrés, bien que tous, aussi, doivent évidemment se subordonner au grand intérêt public que je viens d'indiquer.

Si ce n'est pas ici le lieu d'aborder d'une manière complète et directe cette discussion et de démontrer, par l'exposé des désordres matériels qui peuvent être la conséquence de ces désordres moraux, à quel point les abus signalés réclament l'énergie des pouvoirs publics pour prévenir leurs dangers ; si ceci ne doit venir que plus tard et ailleurs, c'est-à-dire que lorsqu'après avoir fait connaître tout le mal, j'en rechercherai le remède, il n'est toutefois ni sans à propos ni sans utilité d'ajouter quelques mots encore sur ce qui touche l'intervention de l'autorité dans ces questions.

Appel à l'autorité sur ce point.

A ce sujet et sans ce que nous aurons à dire tout à l'heure à sa décharge et à sa louange, nous pourrions, en interrogeant la conscience des hommes graves dont l'attention s'est déjà portée plus d'une fois douloureusement sur ce point, nous étonner avec eux de l'excessive tolérance des lois de police à l'égard de quelques-uns des abus dont il est question : nous pourrions être tentés de demander compte aux gardiens officiels des mœurs publiques de l'effet désastreux que cette liberté malheureuse, laissée à des exhibitions excentriques (1), peut produire surtout pour ce qui touche de jeunes imaginations toujours si faciles à séduire et à entraîner; nous pourrions peut-être caractériser sévèrement l'espèce d'insouciance légale qui expose, en dépit d'elles-mêmes, tant d'intelligences adolescentes à perdre, avant le temps, cette aimable et sainte virginité d'esprit et de cœur qu'il faudrait prolonger en lles le plus possible, bien loin de la laisser se flétrir, se détruire précocement par des spectacles licencieux; nous pourrions enfin demander si, lorsque, dans des temps de paganisme et de civilisation douteuse, à Rome républicaine, par exemple, la salutaire institution des censeurs publics, avec le caractère élevé de leur magistrature et leur austère amour personnel pour la vertu, s'élevait comme un mur d'airain en face des excès de la nature de ceux que nous venons de passer en revue, si, disons-nous, il n'est pas bien permis de regretter que, dans nos sociétés chrétiennes, et à une époque d'avancement d'esprit dont, à bon droit certainement, nous nous montrons si fiers, les mêmes désordres soient l'objet d'une si large et si périlleuse application du LAISSEZ-FAIRE et du LAISSEZ-ALLER.

S'il est vrai (ce que, pour mon compte, je ne croirai jamais en dépit de l'affirmation des Docteurs) que les excès de la liberté se réfrènent par la liberté elle-même, ma conviction profonde c'est qu'en tous cas, ceux dont nous parlons échappent à la règle : le lit que se creuse, dans les esprits et dans les cœurs, le torrent des vices et des mauvais enseignements, devient, en peu de temps, trop profond pour qu'on le puisse combler à volonté; ce torrent, quand une fois il a pris son cours, n'est pas de ceux qui se refoulent, et, s'il n'est arrêté à sa source, tous efforts ultérieurs pour la contenir et l'endiguer sont une œuvre aussi hasardeuse que difficile : par le libre écoulement qui lui est laissé, il ne tarde pas à déborder de toutes parts, et il finit par engloutir, non seulement presque toutes les moralités individuelles, mais encore l'ordre public tout entier. Quelle ne doit

(1) Ne fussent que tous ces sales crayonnages qui reproduisent les orgies de la Bohême des faubourgs ou des jardins suspects!

donc pas être la sollicitude du pouvoir social à l'égard de semblables causes de perturbation et de réel danger (1)?

IV

L'art musical affranchi de ces abus.

De ces déviations, de ces souillures dont les Beaux-Arts donnent parfois de si tristes exemples, il faut, pour être juste, absoudre complétement l'un d'entr'eux, la musique. Par un heureux privilége, cet art merveilleux de combiner les sons au profit de l'harmonie, est soustrait au fatal tribut, ou, du moins, l'abus auquel il peut prêter n'est que fort indirect.

Éloge de la musique.

En effet, par sa nature propre, la musique n'a que des tendances irréprochables : admirable dans son langage, elle est essentiellement innocente dans son expression ; c'est l'interprète chaleureux et spontané de tous les sentiments que la nature a mis en nous pour en faire la vie de l'âme; l'émotion religieuse, la prière, l'amour, la joie, la tristesse trouvent en elle un si puissant moyen d'expansion, elle leur prête des accents ou si sublimes, ou si tendres, ou si pathétiques, qu'il n'y a point de cœur qui ne s'en laisse à l'instant pénétrer, point d'intelligence

(1) A Dieu ne plaise que, dans tout ce que vient de m'arracher de plaintes, qu'on pourra trouver trop vives peut-être, le sujet accessoire que je traite ici, j'aie eu la pensée de rendre le pouvoir actuel responsable, en rien, des abus signalés ! La justice veut, tout au contraire, qu'on reconnaisse qu'il a fait déjà beaucoup, comme heureuse et louable réaction contre l'état de choses qui a précédé : les deux régimes auxquels il a succédé lui avaient laissé, en ce genre, un triste héritage, qu'il s'est empressé de répudier honorablement. Depuis le scandale des tableaux vivants jusqu'à celui de leurs reproductions photographiques et autres, exposées avec une profusion et une impudeur dont chacun se souvient dans tous nos musées des rues, l'on ne peut nier que le gouvernement actuel n'ait rendu, en faisant disparaître ces monstrueux abus de l'art, un véritable service à la morale et à l'ordre public. S'il lui reste à faire beaucoup encore pour rappeler la pratique des lettres et du théâtre à des allures plus dignes, de bonnes et sages mesures déjà prises donnent le juste et ferme espoir qu'il ne s'arrêtera pas en si bon chemin.

Ce qu'il faut surtout souhaiter, à cet égard, c'est que l'autorité, s'appuyant plus que jamais sur son droit et son devoir de conservatrice des mœurs publiques, se garde de se laisser circonvenir par un sentiment qui ne serait point à sa hauqui ne les comprenne, point de masses sur lesquelles ils n'agissent comme par un irrésistible magnétisme et avec une rapidité tout électrique.

Ses charmes, ses prodiges.

La musique ! quelle est la froideur qu'elle n'émeuve, l'enthousiasme qu'elle n'exalte, la douleur qu'elle n'endorme ou ne console ! Est-il de plus douce extase que celle qu'elle produit ! Est-il de plus fortes sensations que celles qui lui sont dues ! Ou elle plonge les âmes dans toutes les délices de la rêverie la plus suave, ou elle les entraîne, les ravit dans l'espace éthéré jusqu'au trône du Dieu vivant, resplendissant de toutes ses gloires, entouré de tous ses chœurs d'archanges et d'esprits célestes !

La musique ! où trouver un moyen plus efficace d'action bienfaisante, non seulement sur l'atonie d'une âme que l'ennui dévore, que tue le découragement, mais encore sur le mal, plus précis, plus physique, qui s'empare de certaines organisations énervées et défaillantes ou de corps et d'intelligence ?

Que nous descendions en nous-mêmes ou que nous nous prenions à interroger le sens intime des autres, toujours, en eux comme en nous, se révélera cette conscience des merveilles de

teur, en déférant, outre mesure, à ces scrupules exagérés de quelques uns à l'égard de ce qu'ils appellent la liberté, et de ce que, moi, j'appelle la licence. Il y a, en effet, et par malheur, dans bien des esprits, d'ailleurs bons et droits, une faiblesse sur ce point, une sorte de pruderie libérale (je dirais presque bégueulerie si le mot ne devait pas paraître de trop haut goût) qui sont fort regrettables et quelque peu ridicules : elle les porte à repousser, même contre le sens intime de leur utilité réelle, de leur incontestable innocuité, certaines choses, certaines mesures gouvernementales ou administratives qui leur semblent toucher de trop près au principe, je serais tenté de dire au fétiche de liberté qui a leurs adorations exclusives. Ces esprits timorés ne voient pas que, parfois, pour sauver une ombre de légalité, ils s'exposent à perdre ou à compromettre cruellement l'ordre réel. Or, un pouvoir éclairé, fort et sûr de ses bonnes intentions ne peut pas, ne doit pas se laisser dominer par des considérations de cette nature ; qu'il se renferme dans l'exécution de la loi, c'est sa mission. Mais si la loi est inefficace ou insuffisante, qu'il y pourvoie par une loi meilleure ! C'est ce que doit lui demander tout ami du pays et c'est à quoi l'immense majorité, Dieu merci, ne manquera jamais d'applaudir.

Il est bien entendu, au reste, que dans tout ceci, je ne stipule que pour les intérêts de la morale et non pour ceux de la politique, sur le terrain de laquelle je me garde bien de vouloir mettre même le bout du pied.

l'harmonie et de son tout puissant prestige à l'égard des maladies de l'esprit et du corps.

Ses ressources contre le mal physique et moral.

Et pour ne nous occuper ici que de la plus cruelle de toutes les afflictions qui puisse tomber sur l'humanité, de cet affreux état de l'âme où le ciel semble l'abandonner aux horreurs du néant de l'intelligence ou à la possession des puissances infernales, laissant de côté les exemples vulgaires, bornons-nous à évoquer le lamentable souvenir des deux plus saisissantes d'entre ces tortures morales et physiques dont l'histoire nous ait transmis la tradition. Parlez, augustes infortunés, sublimes élus de la douleur, qui en même temps que la couronne d'or avez porté la couronne d'épines et dont la pourpre n'a pas, à votre grand désespoir, assez caché les misères intellectuelles pour qu'elles n'apparussent pas souvent, malgré vous-mêmes, aux yeux de vos peuples consternés! Parlez, Saül, Charles VI, esprits d'élite tombés plus bas que la brute, pauvres royales victimes de l'aberration de l'être moral, dites combien de fois, dans votre cruelle adversité, ne trouvâtes-vous pas, pourtant, d'inespérés secours dans la bienfaisante magie des sons; dites le soulagement ineffable, les consolations presque divines que vous apportèrent plus d'une fois, ou les harmonieuses vibrations de la corde musicale, ou les modulations douces et suaves de la voix humaine; dites, enfin, le charme sans égal qu'exercèrent si fréquemment sur vos esprits abattus, sur votre âme désespérée, ou la harpe de David ou les chants de la jeune Odette!...

Même en dehors de ces immenses douleurs et dans des conditions de souffrance moins affreuses, moins vitales, quoique toujours profondément tristes, il n'est pas véritablement de cause de soulagement plus réelle, plus à notre portée que la pratique de l'art musical. Dût-elle, par l'absence forcée de tout autre moyen d'expression, se restreindre à l'expression vocale cette distraction n'en est pas moins d'une très grande efficacité. Tous ceux-là le savent qui, dans les langueurs désolantes où tombent parfois les âmes les mieux trempées, dans les pénibles heures de l'attente, dans les lassitudes du travail, dans les dégoûts de l'oisiveté, et jusque dans les atteintes si absorbantes de la mé-

10

lancolie, ont essayé sur eux-mêmes cette admirable aptitude de l'harmonie à redonner au cœur sa force et son ressort.

Hommage aux grands-maîtres.

Aussi, comment, en présence de ces merveilleux et touchants résultats de l'art musical, ne pas se sentir au fond du cœur, en même temps que la plus réelle admiration pour les grandes œuvres qui en ont immortalisé, qui en immortalisent chaque jour les effets, la sympathie la plus vive pour les hommes qui nous ont dotés, qui nous dotent journellement de tels et si puissants moyens de charmer nos loisirs, de conjurer nos peines et de calmer nos souffrances? Comment perdre jamais la mémoire reconnaissante des impressions délicieuses ou salutaires que nous dûmes à leurs harmonieuses productions? Oui, ce doit être, de notre part, un culte d'amour et d'enthousiasme que celui mérité par ces maîtres illustres dont les nobles ou charmants labeurs ont porté, portent chaque jour pour nous des fruits si savoureux ou si utiles : oui, ce n'est qu'avec le sentiment profond d'une juste et tendre gratitude qu'il faut prononcer ces noms glorieux de GLUCK, LULLI, HAYDN, BEETHOVEN, MOZART, GRÉTRY, WEBER, BERTON, LESUEUR, CHERUBINI, SPONTINI, BOYELDIEU, ROSSINI, MERCADANTE, HALÉVY, VERDI, DONIZETTI, AUBER (qui personnifie en lui toute notre brillante école française contemporaine (1), et de tant d'autres maîtres, fameux aussi, de France, d'Italie et d'Allemagne, dotés par le ciel de cette admirable faculté harmonique, de toutes les magies des Beaux-Arts la plus féconde peut-être en enchantements de l'âme!

Parfaite innocuité de principe de l'art musical.

Que si, tout en m'accordant ce noble et bienfaisant caractère que j'attribue à l'art musical, l'on se prenait à m'objecter, en opposition à ma thèse sur sa parfaite innocuité, qu'il n'est pas moins que les autres arts libéraux susceptible de porter parfois dommage à l'ordre moral, en ce qu'il peut fréquemment servir à propager, à populariser, par l'attrait d'une note piquante, gracieuse ou énergique, telles paroles qui seraient l'écho de mauvaises passions ou le symbole d'idées licencieuses : je répondrais,

(1) Comme son doyen, comme son illustre représentant et en qui l'esprit, le génie de la musique semblent se complaire à défier l'âge et à douer, par la fraîcheur et la verve de leurs inspirations, son talent toujours jeune des grâces et de la vigueur d'un éternel printemps.

sans contester le fait, qu'ici la complicité est innocente par cela même qu'elle n'est pas intentionnelle et que, tout en réprouvant cet abus de l'art, il en faut absoudre l'art lui-même, puisque ce n'est qu'à son insu et pour ainsi dire en dépit de lui que l'esprit du mal s'est assimilé son œuvre.

Je ne crains donc pas de le soutenir, la musique, l'idiome certainement le plus expressif de tous les idiomes connus, partout et toujours compris de tous, et dont on pourrait dire, à tant de titres, qu'il est la véritable langue universelle, la musique a incontestablement le droit d'occuper dans la brillante famille des Beaux-Arts l'un des rangs les plus élevés, soit à raison du caractère d'importance qui lui est propre, soit à cause de ses effets si excellents, si admirables, soit, enfin, par la considération de sa parfaite innocence au point de vue de l'ordre moral.

V

Au demeurant, tous les Beaux-Arts, source des plus nobles jouissances.

De cette profession de foi touchant la valeur toute particulière de l'art musical qu'on se garde bien d'inférer moins de prédilection, de ma part, pour les autres arts libéraux : à Dieu ne plaise! Tous, à leurs divers degrés d'importance, ils ont mes sympathies les plus réelles et les plus vives; tous, je les tiens pour la plus noble expression des facultés de l'intelligence. Je serais bien mal avisé de penser différemment; je serais, de plus, bien ingrat et bien injuste, surtout, envers les lettres, si j'hésitais à confesser leurs merveilles et les douceurs de leur culte! Tout ce que, dans une vie fortement agitée, j'ai, parfois, éprouvé de bonheur presque sans mélange, c'est à elles que je l'ai dû : mes consolations les plus vraies, elles ont été dans le travail que les lettres imposent, dans cette bienfaisante absorption de l'esprit que lui vaut leur étude; mes jouissances les plus douces, je les ai trouvées dans la méditation, dans l'aspiration de leurs chefs-d'œuvre; mes voluptés les plus vives, je les ai puisées dans cette source si pure des extases de l'imagination et des ravissements de la pensée, au contact intellectuel de ces esprits presque divins, qui ont comme épuisé la gloire des lettres françaises : CORNEILLE, RACINE, BOILEAU, BOSSUET, PASCAL,

FÉNELON, MOLIÈRE, LA BRUYÈRE, LA FONTAINE, MONTESQUIEU, J. J. ROUSSEAU, VOLTAIRE, les deux CHÉNIER, DELILLE, LEBRUN, LEGOUVÉ, CHATEAUBRIAND, et toute cette généreuse jeunesse littéraire qui, de 1815 à 1830, fut la fraîche et riche couronne poétique de la Restauration, LAMARTINE, VICTOR HUGO, ALEXANDRE SOUMET, ALFRED DE VIGNY, CASIMIR BONJOUR, ALEXANDRE GUIRAUD, BRIFFAUT, EMILE DESCHAMPS, ED. MENNECHET, A. DE BEAUCHÊNE, etc.; puis, dans les temps postérieurs, tant d'autres formant avec eux l'éclatante pléiade qui, depuis le grand siècle jusqu'à nos jours, a jeté sur la littérature de la France une si resplendissante lumière (1)!

Aussi, ma reconnaissance envers les lettres s'unit-elle à mon admiration pour en faire dans mon esprit et dans mon cœur les plus douces choses de mon passé, les plus chères espérances de mon avenir.

(1) Si, dans cette glorieuse nomenclature, que j'aurais voulu, que j'aurais pu, certes, rendre beaucoup plus longue, j'omets les noms des femmes qui ont illustré leur sexe et leur pays par une brillante pratique des lettres ou des arts, qu'on se garde bien de croire que ce soit faute d'avoir apprécié à sa juste et haute valeur le mérite de chacune d'entre elles. Loin de là, j'ai toujours professé, pour cette classe toute spéciale, si remarquable, d'adeptes des beaux-arts, la plus profonde estime, ressenti pour ses œuvres la plus vive sympathie. Il est certain qu'à talent égal avec l'homme de lettres ou l'artiste, la balance penche naturellement du côté de la femme, car, il y a pour elle, dans les destinations de la vie intérieure des obstacles à l'étude sérieuse, littéraire ou artistique, que l'homme ne rencontre pas. Puis, ce qui fait le charme principal des productions de la littérature et des arts c'est, sans contredit, l'inspiration du cœur, c'est l'élan de l'imagination, et, combien les femmes ne sont-elles pas, en cela, supérieures à presque tous les hommes, sans parler de ce qu'il y a, en elles, de délicatesse de tact, de finesse d'aperçus, dans lesquelles elles nous dépassent si souvent! Enfin, c'est un fait, aussi, que plus d'une femme littéraire ou philosophique a atteint, parfois, à la hauteur de l'esprit, du génie de l'homme, dans plus d'une œuvre restée fameuse : De ceci je pourrais citer en témoignage, sans remonter à l'antiquité qui en a laissé plus d'un exemple, des femmes célèbres des différentes contrées d'Europe, telles que ISABELLE DE CORDOUE et ALOYSIA SIGEA, en Espagne : VITTORIA COLONNA, ISOTTA NOGAROLLA, en Italie : *les trois sœurs* SEYMOUR et l'infortunée JEANNE GRAY, en Angleterre, (Jeanne Gray, douce et noble victime royale, couronnée de la triple immortalité que lui ont value sa science, son malheur, et l'admirable tableau de Paul Delaroche !) Et enfin, en France, après CLÉMENCE ISAURE, l'illustre initiatrice de l'idée des académies de beaux-arts et la fondatrice véritable des JEUX FLORAUX, la DUCHESSE DE RETZ, Mesdames DACIER, DE STAEL, etc., etc.

L'on peut voir par cette opinion, très sincère de ma part, sur les femmes vouées

VI

Ce que sont pour moi les Beaux-Arts, ils le sont pour bien d'autres; ils le sont pour tous, peut-on dire, car les exceptions sont si rares qu'elles n'ont véritablement ni signification, ni portée : il est certain qu'à moins d'une organisation malheureuse et tout à fait anormale, il n'y a pas un être humain, ayant la connaissance de lui-même, qui ne soit plus ou moins profondément impressionné par eux. Leur pouvoir est universel, impérissable, car il est dans la nature même des choses : leur empire n'est pas de ceux qui se perdent ou s'abdiquent : il est de tous les temps et de tous les lieux ; qu'un peuple végète encore à l'état primitif, ou qu'il brille de toutes les splendeurs de la civi-

Le culte des Beaux-Arts est universel et de toutes les époques.

au culte des lettres et des arts, que je n'ai pu passer, plus haut, sous silence les noms des plus éminentes d'entre elles par aucune raison d'indifférence pour ce qui les regarde. Je serais véritablement chagrin si l'on s'expliquait ainsi une lacune qui ne fut qu'une suite des exigences de la méthode et je prends, ici, avec grand plaisir sur elle ma revanche en citant les noms de quelques-unes d'entre mes contemporaines qui ont le plus concouru au charme des moments de liberté qu'a pu me laisser le dur esclavage des affaires par les chefs-d'œuvres de leur plume habile et gracieuse, Mesdames DUFRÉNOY, DESBORDES-VALMORE, DELPHINE GAY, devenue MADAME É. DE GIRARDIN, ANCELOT, TASTU, douée d'un talent poétique si noble et si délicat, SOPHIE PANNIER, devenue MADAME DE LOURDOUEIX, dont toutes les œuvres furent des enseignements de douce et haute morale, DUDEVANT (GEORGES SAND), la première certainement d'entre nos prosatrices, et, je n'hésite presque pas à dire d'entre nos prosateurs; la PRINCESSE DE CRAON, la DUCHESSE DE DURAS, ANAÏS SÉGALAS, HERMANCE LESGUILLON.

Qu'il me soit permis, en tressant ici cette couronne du génie féminin, d'y ajouter un dernier fleuron et de rappeler, au point de vue de l'art, cette jeune muse de la sculpture que vit surgir la dernière période de la restauration, cette spirituelle et toute charmante FÉLICIE DE FAUVEAU, d'un talent si élevé quoique si précoce, d'un cœur si noble, si dévoué, si héroïquement fidèle à d'augustes infortunes : elle que le malheur des temps a enlevée à la France pour en doter l'Italie, mais dont le souvenir est toujours vivant parmi nos artistes, admirateurs sincères des qualités si remarquables, en effet, qui caractérisaient ce talent, tout d'inspiration, pour ainsi dire, si rare dans une femme, surtout dans une si jeune fille, et qui s'était révélé en celle-ci presque sans études préalables.

(Voir, au surplus, dans l'ouvrage, l'appréciation que j'y fais de la personne et des œuvres de ceux de nos grands écrivains ou artistes, du temps présent, qui ont le plus fixé sur eux l'attention publique. Ils y sont en nombre trop grand pour que leurs noms aient pu être rappelés ici.)

lisation, l'action des Beaux-Arts est sur lui la même, proportion gardée ; ce qui varie ce n'est pas l'aptitude à sentir, c'est le rapport entre cette aptitude et l'objet par lequel elle est mise en jeu ; sans doute la sensation devient plus délicate à mesure que l'œuvre se perfectionne ; mais, considérée dans sa nature propre, elle n'a pas moins de puissance relative, et l'on peut mettre en fait que l'art grossier d'une époque n'excita pas alors des admirations moins vives que les admirations d'aujourd'hui pour les chefs-d'œuvre que notre âge de lumières a couronnés de l'auréole de la perfection. Les sauvages eux-mêmes n'ont-ils pas leurs poètes et leurs artistes qui passent, à leurs yeux, pour des inspirés du Grand-Esprit?

VII

Idées générales sur la direction à donner aux Beaux-Arts.

De cette puissance universelle des Beaux-Arts, aussi bien que des dangers réels de déviation qui en menaçent la pratique, il y a une conclusion toute naturelle à tirer, dans l'intérêt de l'ordre comme dans l'intérêt du bon goût : c'est que, si lettres et arts ont assurément besoin de liberté, car, dans cette indépendance gisent surtout la noblesse, la sublimité de leurs inspirations, c'est un besoin aussi pour la société de prendre ses précautions contre leur licence.

Cette action préservatrice, qui l'exercera, si ce n'est le pouvoir social? A qui, si ce n'est à l'autorité souveraine, sera remis le le soin essentiellement conservateur de surveiller, de dominer toutes ces tendances, pour encourager, récompenser les bonnes et rectifier ou réprimer les mauvaises? A l'autorité souveraine, seule assez haut placée pour juger sainement des choses aussi bien que pour s'affranchir de toutes préventions, de toutes craintes pouvant compromettre l'impartiale distribution de l'éloge ou du blâme, seule assez puissante pour rallier autour d'elle toutes les bonnes volontés, ou pour triompher de toutes les résistances.

A vrai dire, pourtant, même sous ces auspices rassurants, une semblable direction est une œuvre bien difficile ; pour que l'autorité suprême s'y puisse manifester, il faut qu'elle agisse, et elle ne peut agir, là comme ailleurs, que par des délégués, des mandataires, des employés à différents degrés, et, disons le mot, que par une administration organisée dans les conditions habituelles : or, c'est là que surgit la difficulté principale.

L'ordre moral a des lois qui ne sont pas sans analogie avec les lois de l'ordre physique : dans celui-ci, certaines propriétés adverses des corps créent, à l'égard de diverses substances, des obstacles à leur combinaison, souvent même des impossibilités d'amalgame. De même, dans l'ordre moral, il y a des éléments intellectuels qui s'excluent, des idées ou des principes qui se refusent à toute alliance.

Sans que l'application soit complète et absolue, il se passe quelque chose de semblable, à certains égards, pour ce qui concerne l'idée d'administration publique entendue dans ses rapports avec les hommes qui professent et pratiquent les Beaux-Arts : eux toujours pleins d'ombrage, de susceptibilités, de délicatesses infinies, d'impatiences parfois, de besoins trop souvent ; elle, toujours froide, impassible, lente par nature, régulière par devoir, négative par nécessité : c'est miracle si, de qualités si parfaitement disparates et contradictoires, mises journellement en regard, il ne résulte pas un antagonisme à peu près permanent, susceptible de détruire en partie les avantages de cette tutelle publique des Beaux-Arts, et même de tourner contre le pouvoir une arme qu'il pût croire puissante entre ses mains.

C'est assez dire combien, à mon avis du moins, une telle administration demande de tact, de sens et d'habileté vraiment exceptionnels. Ce qu'elle demande, presqu'au même degré d'exigence, c'est une grande latitude d'action et une large disponibilité de ressources; il faut, d'une part, que le chef d'un tel service ait un pouvoir presque discrétionnaire dans les plus grandes choses, afin de pouvoir toujours agir avec la spontanéité que réclame la nature des décisions à prendre et à exécuter, car, là, surtout, plus que partout ailleurs, la célérité administrative porte coup, et il est telle mesure qui en tire sa plus grande valeur, de même que la lenteur ordinaire des bureaux en aurait à peu près annulé tout le prix. Il faut, d'une autre part, que le moins souvent possible, jamais même si faire se peut, la volonté d'un acte de munificence, juste et nécessaire, ne soit exposée à se voir refoulée par l'impuissance d'un budget avaricieusement calculé : il faut que, constamment, les gênes, la détresse du mérite utile puissent être soulagées ; et, surtout, il faut qu'une direction des Beaux-Arts ait le pouvoir de sauver à la société ce douloureux scandale de la misère étreignant le génie, et brisant, dans les horreurs de la faim, dans les tortures du désespoir, la plume, le pinceau, le ciseau ou le burin qui furent l'honneur des arts et la gloire du pays.

VIII

Division de l'ouvrage.

Ces idées générales, que je viens d'exposer sommairement, doivent être considérées comme l'indication de l'esprit dans lequel a été traitée la grave matière qui fait l'objet de l'ouvrage dont j'ai précédemment annoncé la future publication. Elles en sont pour ainsi dire le programme, et, confiant dans la sagacité du lecteur, je me dispense d'en expliquer davantage *à priori* l'objet; je me borne à en faire connaître ici les divisions.

Nomenclature des matières formant l'administration des Beaux-Arts.

Dans un PREMIER CHAPITRE j'indique ce que l'on doit entendre administrativement par cette expression complexe **BEAUX-ARTS**, et je donne la nomenclature des matières diverses qui me paraissent, ou comme similaires, ou comme analogues, devoir être placées dans la catégorie de celles que peut, ou plutôt que doit réunir une administration des Beaux-Arts pour que les fruits de sa direction répondent aussi complétement que possible à ce qu'est en droit d'en attendre l'intérêt social (1).

Organisation intérieure de l'administration.

Dans un SECOND CHAPITRE je fais connaître l'organisation intérieure que me semblent comporter les besoins moraux et matériels de la direction dont il s'agit.

(1) Les établissements d'art qui devraient ressortir de cette administration sont innombrables et devraient être nécessairement rassemblés en un seul groupe.

Le **TROISIÈME CHAPITRE** est consacré à donner un aperçu des règles principales à observer pour la marche la plus utile et la plus convenable à imprimer à chacune des branches particulières des Beaux-Arts, desquelles l'ensemble forme l'objet de l'administration générale.

Règles principales qu'elle doit s'imposer.

Enfin, le **QUATRIÈME** et **DERNIER** chapitre traite de la question de puissance gouvernementale qu'il est utile et opportun d'attribuer au fonctionnaire chargé de la direction supérieure de cette partie si importante de l'administration publique.

Nature du pouvoir à conférer à l'administrateur.

On a pu comprendre, par ce que j'ai dit plus haut de cette importance, que, dans mon appréciation, le pouvoir le plus élevé comme le plus indépendant était le seul qui fût en rapport avec sa nature aussi bien qu'avec ses exigences. Et, en effet, sur ce point, ma conclusion, que je puis faire connaître ici par anticipation parce qu'elle n'est pas susceptible de varier dans mon esprit, c'est que l'administration dont il s'agit ne sera véritablement constituée dans des conditions normales et convenables qu'alors qu'elle sera l'apanage exclusif d'un haut administrateur ne relevant que du Souverrain et investi du titre comme de l'autorité de Ministre.

En créant ce **MINISTÈRE DES BEAUX-ARTS**, car tel est en effet le nom que devrait porter cette grande administration, le pouvoir suprême serait bien assuré, tout à la fois, de répondre au vœu formel de tous les vrais amis des lettres, des arts et du goût, et d'avoir doté la partie du service public la plus propre à répandre la lumière, du ressort le plus énergique que puisse demander l'œuvre glorieuse du perfectionnement de la civilisation moderne.

Création d'un MINISTÈRE DES BEAUX-ARTS.

ANNEXES

TABLEAU DU PERSONNEL

DE LA COMMISSION ROYALE

DE LA PROPRIÉTÉ LITTÉRAIRE

EN 1825 — 1826.

Président : M. le Vicomte DE LA ROCHEFOUCAULD.

MEMBRES TITULAIRES.

MM.

Le Comte PORTALIS Le Vicomte LAINÉ Le Mis de LALLY-TOLENDAL	Pairs de France.	DACIER ANDRIEUX Le Baron CUVIER QUATREMÈRE de QUINCY	Membres des quatre Académies.
ROYER-COLLARD Comte de MONTRON PARDESSUS	Députés.	PICARD Le Baron FOURRIER ALEXANDRE DUVAL MICHAUD	
BELLART De VATIMESNIL	Conseillers d'État.	AUGER ROGER PARSEVAL GRANDMAISON	
VILLEMAIN De la VILLE	Maîtres des requêtes.	Le Baron TAYLOR RAYNOUARD	

Délégués des Auteurs.

LEMERCIER.	ÉTIENNE.
CHAMPEIN.	MOREAU.

Délégué du Théâtre.

TALMA.

Délégués des Libraires.

FIRMIN DIDOT.	RENOUARD.

Secrétaire élu : JULES MARESCHAL.

OBSERVATIONS

PRÉSENTÉES A L'ASSEMBLÉE,

En sa Séance du 9 janvier 1826,

PAR M. JULES **MARESCHAL**, SECRÉTAIRE DE LA COMMISSION.

MESSIEURS,

Au point où est maintenant arrivée la discussion, j'ai pensé que l'Assemblée me pardonnerait de croire quelques observations nécessaires, non pas pour éclairer une réunion centre de toutes les lumières, mais pour appeler plus spécialement son attention sur un point qui semble n'être qu'une des spécialités de la grave question livrée à sa sagesse, et qui, dans le fait, se rattache si étroitement à la substance même de cette question, que le sort du projet en discussion dépend, on peut le dire, de la manière dont sera résolue la difficulté que présente le point dont il s'agit : je veux parler de la possibilité de perception d'un droit pécuniaire, au profit des familles d'auteurs morts, sur les œuvres successives des éditions de ceux-ci.

Vous avez sagement décidé, à votre dernière séance, qu'avant de poser définitivement le principe, il fallait examiner si des impossibilités de fait ne faisaient point obstacle à son application.

Vous avez entendu, sur le développement des causes d'où pourraient résulter ces impossibilités, les observations des honorables mandataires que le commerce de librairie a chargés de stipuler, auprès de vous, ses intérêts, dans les points où ils s'écartent de ceux des auteurs ou de leur descendance. Ces observations judicieuses, énergiques surtout, ont fait naître dans vos esprits beaucoup de doutes, de scrupules; et la difficulté s'est compliquée de toute l'importance que vous avez dû naturellement attacher à des notions, produites de bonne foi, par des hommes dont le caractère mérite à tous égards votre confiance et dont la longue pratique des matières, comme des usages de la librairie, garantit l'habileté.

Mais, Messieurs, si les représentations des libraires et du commerce ont dû trouver en vous des auditeurs bienveillants, à son tour, l'intérêt des gens de lettres réclame de vous une faveur égale, et votre justice ne croira pas devoir moins d'attention à l'examen des objections présentées lorsque cet examen aura pour but d'en diminuer la gravité, que vous ne lui en avez accordé lorsqu'il s'est agi d'en développer toute l'importance; c'est, Messieurs, pour cette controverse que j'ose vous demander quelques-uns de vos instants.

Certes, je rends hommage tout le premier au zèle que MM. les représentants des libraires ont mis à faire valoir les intérêts dont la défense leur a été confiée, et je trouverais non seulement naturel, mais encore honorable que ce zèle, dominant la discussion à laquelle ils se sont livrés, les eût entraînés malgré eux dans quelques erreurs, dans quelques exagérations de fait ou de raisonnement. J'ai du moins la conviction que, sans le devoir rigoureux d'accomplir leur mandat, le sort des familles de tant d'hommes auxquels la société doit ses plus nobles jouissances, comme la librairie ses richesses, les eût trouvés moins sévères, et faisant une juste distinction entre leurs sentiments personnels et leurs obligations comme mandataires, j'en appelle avec confiance à eux-mêmes de l'opinion qu'ils ont manifestée devant vous sur le point en question.

Ainsi donc, tout en accordant aux objections présentées par MM. les représentants des libraires, l'intérêt qu'elles méritent sous plusieurs rapports, il m'a semblé que, sous quelques autres, elles appelaient non pas la défiance, mais le besoin d'une discussion qui n'aurait pas plus, pour point de départ, un intérêt direct et spécial à repousser les droits des auteurs et de leurs familles, que l'intérêt de faire valoir ces droits aux dépens des libraires et du commerce en général.

C'est avec cette complète indépendance d'opinion que je me propose d'examiner les questions dont il s'agit. Loin de prétendre sacrifier les droits des uns à ceux des autres, mon vœu le plus sincère est d'arriver au point où, par une conciliation désirable, ils se trouveront mutuellement satisfaits, autant qu'ils peuvent et doivent l'être.

Avant d'aborder la réfutation que j'entreprends, il me paraît utile de rappeler très sommairement quelques idées sur lesquelles l'Assemblée s'est, ce me semble, généralement accordée.

Bien qu'elle n'ait encore fait aucune déclaration explicite de principes, il est facile cependant de tirer des dispositions qu'elle a, au moins provisoirement adoptées, un ensemble de vues fondamentales qui doivent naturellement servir de règle à ses déterminations ultérieures; et sous ce rapport les judicieuses réflexions soumises par M. Lemercier à l'assemblée lors de sa dernière séance, et unanimement approuvées par elle, ont fait faire un grand pas à la discussion, l'ont mûrie, pour ainsi dire, quant aux principes, et ne lui ont plus guère laissé de place que pour les difficultés d'application.

Ainsi, par exemple, il a été reconnu que le droit appelé du nom de *propriété littéraire*, n'était que bien imparfaitement assimilable au droit de propriété, tel qu'on l'entend ordinairement, et que cette différence excluait l'application des règles communes (1). Il a été reconnu que l'on devait assigner pour principe au droit dont il s'agit, le sentiment de justice qui oblige la société à récompenser les travaux

(1) Si l'on s'étonnait de me voir abonder ici dans l'idée que je combats énergiquement dans l'écrit qui précède, je prierais qu'on voulût bien remarquer, d'une part, que je ne faisais, là, que rappeler, presque comme rapporteur en ce point spécial, le principe qui avait prévalu devant la majorité de la commission, et que, d'autre part, la convenance voulait que, du moment où telle avait été sa décision, je ne vinsse pas de

qui contribuent à son instruction ou à ses plaisirs; que la publication d'un ouvrage devrait être considérée comme établissant un lien de droit entre l'auteur qui livre à la société le fruit de ses méditations, et la société, qui, en échange de cette jouissance, doit garantir à l'auteur le bénéfice attaché à la publication de son livre; et l'on a vu, avec raison, dans ce quasi-contrat véritable une sorte de donation entre vifs, dont l'irrévocabilité ne s'applique pas moins aux droits que le public acquiert sur l'ouvrage, qu'à la réserve des avantages que l'auteur a dû se promettre en le lui livrant, avantages nécessairement transmissibles, et dont la jouissance ne doit subir d'autre limitation que celle de l'intérêt social.

De là on a dû conclure que tous les bénéfices résultant des réimpressions successives, qui pourraient être perçus sans nuire à la liberté de la presse et aux intérêts généraux du commerce, devaient en bonne justice passer, après la mort d'un auteur, à ceux qui le représentent suivant la nature ou suivant la loi.

Une fois parvenus à ce point, ce qui restait à faire c'était de déterminer le mode de perception : à cet égard l'idée d'une rétribution proportionnelle sur les exemplaires des ouvrages réimprimés, est assurément celle qui devait se présenter d'abord, et c'est en effet sur cette idée que s'est engagée la discussion qui a occupé une partie de la dernière séance.

Deux objections principales ont été développées dans cette discussion.

On a dit, en premier lieu, que la mesure serait inexécutable, et en second lieu, qu'à supposer le contraire elle aurait, sur le commerce de la librairie, une influence désastreuse.

Je vais examiner sommairement les difficultés élevées sous chacun de ces rapports; et en signalant celles qui peuvent être réelles, comme en cherchant à résoudre celles qui me paraissent solubles, j'essaierai d'indiquer les moyens qui me semblent pouvoir conduire à l'exécution d'une mesure que l'on a représentée comme absolument impraticable.

Abordant la discussion du premier point, une question s'est d'abord présentée, celle de savoir sur quoi l'on pourrait baser la contribution à établir.

On a proposé comme terme d'évaluation, d'abord le nombre des volumes, ensuite le prix du livre.

Cette dernière proposition a paru sourire à l'esprit d'un grand nombre des membres. On a cru voir dans le choix qui en serait fait un moyen de porter remède à la disproportion qui existe entre le prix annoncé des livres et leur valeur réelle; on a trouvé en même temps que, par ce moyen, les éditeurs ne seraient pas détournés d'entreprendre des éditions de luxe; éditions qui, dans l'état actuel des choses, sont devenues une source de prospérité pour le commerce français, et un objet de première nécessité pour les consommateurs.

nouveau faire revivre une discussion, qui n'eût amené à aucun résultat autre que celui déjà constaté. Je me conformais ainsi à mon devoir de secrétaire, mais je n'en gardais pas moins, *in petto*, mes convictions et mon indépendance sur la question du droit héréditaire absolu (*note de l'auteur*, 15 *février* 1859).

Il est douteux, pour moi, qu'aucun de ces avantages puisse résulter du mode d'évaluation proposé. La nécessité d'établir des remises en faveur des libraires qui prennent les ouvrages en commission, oblige l'éditeur d'élever le prix marqué au-dessus du prix réel; si cette évaluation est exagérée par quelques-uns d'entre eux, ce mode de déception tourne rarement à leur avantage; le prix réel est bientôt connu, et l'éditeur forcé d'abandonner, en faveur du premier venu, ses prétentions à un supplément de prix. Quant à l'effet qu'on attendait en faveur des éditions de luxe de l'établissement de la contribution proportionnelle sur le prix annoncé des ouvrages, elle aurait, ce semble, un effet tout contraire. Il est évident que la quotité de la contribution s'élevant graduellement avec ce prix, le libraire trouvera beaucoup plus d'avantages à entreprendre des éditions moins chères, et pour lesquelles, dès lors, cette contribution sera moins élevée.

Le prix moyen des livres n'est nullement en rapport avec la différence qui existe entre les frais des éditions communes et ceux des livres bien exécutés; or, l'éditeur qui entreprend une édition de luxe, s'il ne veut éloigner les acheteurs, se gardera bien d'élever le prix de son livre en proportion des soins et des dépenses supplémentaires qu'exige la perfection de son travail. Il est hors de doute qu'on demande et qu'on obtient, pour les éditions courantes, un prix proportionnellement plus élevé que pour les ouvrages exécutés avec magnificence. Quel désavantage n'éprouveront donc point les éditeurs habiles et scrupuleux, obligés qu'ils sont déjà de compter, en compensation des bénéfices qui leur échappent, l'honneur qu'ils devront à leurs entreprises, si les soins qu'ils jugeront à propos de donner à leur ouvrage les obligent à payer aux familles des auteurs un droit graduellement plus élevé?

Il est donc nécessaire de choisir une base plus matérielle : le nombre des volumes ou plutôt des feuilles d'impression est le seul moyen qui réunisse en apparence les conditions exigées. Il en avait semblé ainsi au dernier gouvernement, qui en avait fait la base de la perception d'un impôt sur la librairie ; ce mode, cependant, appliqué d'une manière aussi générale, présenterait plus d'inconvénients encore que celui que je viens de combattre. Il est évident que, s'il était adopté, les éditeurs, afin de payer moins de droits, ne feraient plus que des éditions compactes, désavantage immense pour les bibliothèques choisies, comme pour la perfection de l'art typographique. Pour remédier à cet inconvénient, on a proposé de prendre pour point de départ la première édition du livre : le remède serait pire que le mal; s'il procurait aux familles un bénéfice plus élevé, combien ne nuirait-il pas au commerce de la librairie ! Ce n'est pas dans un siècle ou l'on a poussé si loin le charlatanisme des points et des blancs, la déception des interlignes et des feuilles vides, qu'on peut, en réfléchissant, insister sur une semblable proposition.

Il n'y a réellement qu'un moyen d'aplanir toute difficulté, c'est de baser l'estimation sur la nature des caractères qu'aura employés l'imprimeur. Ces caractères, soit qu'on se serve des termes arbitraires usités dans les anciennes fonderies, soit qu'on adopte l'échelle mathématique que MM. Didot ont introduite dans leur classification, offrent entre eux des points de comparaison rigoureusement appréciables. L'évaluation qui serait basée sur leur dimensions graduelles suivrait le libraire dans toutes ses entreprises, et frapperait avec une justice égale et relative toute espèce de formats, tout emploi de caractères, depuis les volumes les plus exigus et les plus remplis, jusqu'aux moins serrés et aux plus étendus. Si, comme il arrive chaque jour, l'éditeur avait employé deux sortes de caractères à la fois, l'un, par exemple, pour la prose et l'autre pour les vers, l'un pour le texte et l'autre pour les notes, il faudrait considérer quel serait celui qui offrirait l'emploi le plus fréquent, et en faire dépendre l'évaluation; sinon, et si les deux sortes de caractères se trouvaient employés dans une proportion à peu près égale, on établirait entre eux un prix moyen, qui deviendrait la base de la contribution.

Une fois donc fixé sur ce point, que le droit à payer aux familles peut s'appliquer à un objet rigoureusement appréciable, une question a dû s'élever, celle de savoir à quel moment la contribution frapperait les ouvrages, si ce devait être à l'instant même de l'impression ou au fur et à mesure de la vente. Cette question a paru diviser l'assemblée; cependant j'ai cru remarquer que les motifs allégués par les partisans du second système faisaient moins d'impression sur l'esprit de la grande majorité des membres. En y réfléchissant davantage, un pareil projet ne peut, en aucune manière, supporter l'analyse : il est donc inutile de répéter ici les raisons déjà présentées avec tant d'avantage pour le combattre. Reste à examiner les moyens par lesquels cette application serait réglée et garantie, et les formalités dont l'accomplissement serait jugé nécessaire; c'est sur ce point principalement qu'ont paru s'élever les plus graves difficultés. Deux modes se sont présentés simultanément aux esprits, celui de la surveillance et celui du timbre. Je ne dois point dissimuler que les raisons alléguées pour les combattre ont paru la plupart très fondées; que plusieurs ont présenté des obstacles, au premier abord, insurmontables. L'examen ultérieur et approfondi n'a pas été plus favorable dans mon esprit au mode de surveillance.

Nul doute qu'une pareille mesure ne présente de graves inconvénients dans ses exigences journalières; nul doute qu'alarmant l'industrie dans son exercice le plus intime, elle ne puisse porter atteinte à la prospérité du commerce sur lequel elle viendrait peser ; nul doute qu'indépendamment de ce qu'elle offre de repoussant et de dangereux, elle ne soit entièrement illusoire, puisque, pour être exécutée avec quelque fruit, elle exigerait la vigilance et l'incorruptibilité d'Argus ; et que, quand bien même on rencontrerait des gens pourvus de toutes ces qualités indispensables, le nombre en deviendrait rigoureusement trop élevé pour ne point absorber et au-delà les bénéfices de la contribution.

On a dit, pour répondre à ces objections, qu'il importait peu que cette surveillance fût incomplète ou tout à fait nulle; que, dans l'impossibilité d'arriver à la connaissance de toutes les fraudes qui pourraient être commises, on devait se contenter de la simple déclaration des éditeurs ; que ce mode produirait à lui seul des bénéfices certains, et que les avantages qui pourraient en résulter étaient trop dignes de considération pour qu'on n'abandonnât pas volontiers ceux qu'il deviendrait impossible de saisir; que la fraude était pour ceux qui la commettaient, et qu'enfin il importait peu qu'une nouvelle proie fût offerte à la mauvaise foi, si la société pouvait acquitter, au moins en partie, une dette incontestable à presque tous les yeux.

Ces raisons n'ayant point suffi pour convaincre et ramener l'assemblée à l'idée qu'elles appuient, il a fallu chercher un autre moyen d'asseoir la contribution.

Il serait peut-être assez extraordinaire que l'idée du timbre eût été repoussée presque aussitôt que proposée, si naturellement ce moyen ne semblait aggraver encore, par les formalités fiscales qu'il entraîne, l'espèce d'impôt dont la librairie devrait être frappée. En y réfléchissant bien cependant, il reste dans l'esprit comme le plus simple, le plus certain et le moins sujet aux inconvénients signalés.

Sans doute le projet de frapper chaque feuille d'impression d'une marque spéciale, comme on en use pour les affiches, serait absurde : il déshonorerait l'art typographique, et sans parler du préjudice qu'il porterait à l'élégance de cet art, il aurait dans son exercice journalier quelque chose d'aussi fâcheux que la surveillance ; il nécessiterait enfin des dépenses et un personnel hors de proportion avec les bénéfices présumés ; mais je ne sais trop pourquoi cet emploi du timbre a paru réclamer une aussi grande extension. Un livre est un ensemble de parties distinctes, mais nécessairement liées entre elles ; un volume dépareillé, une feuille séparée, un ouvrage sans titre ne présentent pas une idée complète, et n'offrent aucune chance de bénéfices. Lorsque les cartes à jouer ont été mises en régie, on n'a pas pensé qu'il fût nécessaire, pour obvier à la fraude, de frapper toutes les cartes qui composent un jeu, d'une marque particulière; on a jugé avec raison qu'on ne pouvait jouer sans *as* de trèfle, et la marque apposée sur cet *as* a servi à constater la fabrication légale du jeu tout entier.

Presque tous les éditeurs propiétaires ont coutume de signer chaque exemplaire du livre qu'ils publient, et l'on n'a jamais prétendu que cette signature apposée en regard ou en *verso* du titre nuisît à la beauté du livre. Si l'on adopte la même méthode pour les ouvrages à soumettre à la contribution nouvelle, les libraires ne penseront pas à débiter des exemplaires dépourvus de la formalité requise, surtout si cette contribution est faible, et la contravention sévèrement punie. Si donc il est vrai que la marque destinée à constater chaque exemplaire puisse être placée une seule fois sur le livre, il ne reste plus qu'à choisir entre les signes propres à cet usage : que l'on préfère une estampille, à frapper en regard ou au *verso* du titre ; que, pour l'élégance typographique, on aime mieux faire graver avec soin un cachet analogue au bienfait de la loi, et le placer, à mesure du tirage des titres, à l'endroit où les imprimeurs ont coutume de placer leur chiffre, l'exécution du mode adopté n'en sera ni moins aisée ni plus coûteuse. Le dernier moyen présenté semble offrir plus d'avantages ; car une estampille est un objet facile à contrefaire ; un cachet soigneusement gravé, et susceptible de contenir des marques arbitraires et secrètes, donne toute la sécurité désirable contre les falsifications. Enfin quel que soit le signe que choisisse l'assemblée, toujours est-il à peu près démontré qu'elle peut s'arrêter à un mode certain, facile et peu dispendieux.

Reste à terminer à quel pouvoir serait dévolu l'exercice de ce droit de contrôle.

Il existe un précédent en faveur de l'hypothèse d'une délégation privée. L'agence, qui gère avec tant de succès les intérêts des auteurs dramatiques, pourrait fournir un modèle à celle qui s'établirait pour les ouvrages imprimés; elle pourrait même, jusqu'au moment où l'application des dispositions nouvelles aurait pris une extension assez considérable pour alimenter un établissement particulier, cumuler le double exercice de la propriété littéraire.

Peut-être objectera-t-on que la perception des droits n'est si simple et si facile, relativement aux auteurs dramatiques, qu'en raison de deux circonstances qui n'existent pas relativement aux auteurs ordinaires, savoir : le fait matériel, simple, incontestable, de la représentation théâtrale, qui sert de base à la perception du droit, et, presque toujours, l'existence des auteurs, ce qui simplifie d'autant cette perception à leur égard, et fait disparaître la difficulté tirée de la divisibilité des droits des héritiers.

Si l'on pense que ce soient là en effet des motifs qui puissent faire renoncer aux avantages d'une agence privée, qui empêche de déléguer l'exercice du droit en question à la direction de l'imprimerie et de la librairie ? N'y a-t-il point entre les attributions actuelles de cette autorité, et celles qu'on propose de lui confier, une connexité qui serait une facilité de plus ? Les inspecteurs de la librairie ne pourraient-ils pas être chargés de constater, au tirage, dans la forme ci-devant indiquée, le nombre des exemplaires ? Ne pourrait-on statuer que la direction, qui déjà reçoit les déclarations des libraires, sera également chargée de percevoir la redevance et d'en faire la distribution aux ayant-droits ?

Au reste, ces divers moyens ne sont présentés ici qu'à défaut de ceux plus convenables et plus faciles encore, que les lumières de l'assemblée ne peuvent manquer de lui suggérer.

Il me reste à prouver comment la contribution dont il s'agit, loin de porter comme quelques-uns l'ont pu penser, un coup fatal au commerce de la librairie, doit au contraire ajouter à la considération qu'il mérite, en le levant, à tout jamais, du reproche d'injuste possession, sans que sa prospérité en éprouve la moindre atteinte. Ma tache sera d'autant plus facile, qu'on se sera plus fermement fixé sur ce point, que la rétribution n'a pas besoin, pour procurer un bénéfice considérable aux familles, de s'élever de manière à augmenter immodérément les dépenses des éditeurs. Il est hors de doute qu'un ouvrage soumis, par exemple, à un droit *d'un centime* par feuille imprimée en caractère *cicéro*, ce qui ferait 15 centimes par volume in-8° de quinze feuilles, ne peut arrêter aucun libraire dans ses entreprises. Ce n'est pas dans un commerce où nulle opération ne se fait qu'avec des avances de fonds très considérables, où l'on ne spécule que sur des rentrées très tardives et incertaines, qu'une nouvelle dépense si peu importante peut arrêter un essor industriel immense, fondé sur les causes les plus durables.

Après ces réflexions bien naturelles, qui n'ont point échappé à la sagacité de l'assemblée, est-il nécessaire de remarquer sur quelles base est fondée aujourd'hui la prospérité de la librairie en France ; quelle influence la paix a exercée sur l'augmentation des fortunes particulières ; et combien cette augmentation des fortunes a développé le goût des beaux livres ? Le danger des contrefaçons méritait une attention sérieuse à une époque où les bibliophiles formaient une classe distincte et peu nombreuse ; où les bibliothèques étaient rares et mal composées ; où le plus grand nombre des lecteurs recherchaient des éditions à vil prix, et préféraient aux éditions bien exécutées, des contrefaçons, qui, si elles ne représentaient aucune valeur matérielle entre leurs mains, ne faisaient du moins subir à leur fortune qu'une insensible dépense. Il n'y a plus d'intérêt à contrefaire quand les livres n'ont plus de succès par cela même qu'ils sont mal exécutés, et quand l'avantage à retirer de la fraude ne peut se compenser avec les dangers qu'elle entraîne. L'impulsion donnée par ces causes incontestables au commerce français est à l'épreuve d'un choc beaucoup plus violent que celui auquel, même en admettant des craintes évidemment chimériques, la contribution des familles pourrait donner lieu.

Je ne me flatte pas, Messieurs, d'avoir complétement résolu le problème, mais je crois avoir mis sur la voie de sa solution, et démontré qu'elle n'est point impossible. J'ajoute qu'en admettant, ce qui se peut, que la force des choses repousse une application parfaite de la mesure proposée, mieux vaut encore, à mes yeux, une justice incomplète, que la perpétuité d'une injustice.

J'oserai vous supplier d'accorder, à cette partie du projet qui vous est soumis, la plus sérieuse attention, car elle est, à elle seule, pour ainsi dire, tout le projet.

En effet, du moment où vous avez reconnu que la propriété littéraire se résout, quant aux héritiers de l'auteur, en un simple droit de prélèvement pécuniaire sur les réimpressions ; si parallèlement à ce principe, vous déclarez, en fait, que ce prélèvement est impraticable, vous anéantissez par cela même le droit que vous aviez reconnu ; vous détruisez votre propre ouvrage, et vous trompez bien cruellement les espérances que tous les amis de la justice, des lettres, je dirai même de l'humanité, avaient placées dans le résultat de vos méditations.

Qu'il me soit donc permis d'insister pour que, avant tout vote définitif sur le point dont il s'agit, l'assemblée veuille bien, attendu les notions spéciales et matérielles, pour ainsi dire, qu'il est indispensable de rassembler pour juger en pleine connaissance de cause une question toute de fait et d'application, nommer une commission de trois membres, chargée de recueillir ces renseignements et de lui en présenter l'ensemble.

NOTE ADDITIONNELLE

SUR

LA RÉTRIBUTION DES FAMILLES.

Par suite de la discussion lumineuse qui a eu lieu, le principe d'un droit perpétuel, au profit des héritiers, sur les réimpressions, a été provisoirement consacré. Dès lors, il devient indispensable de se livrer à la recherche d'un moyen facile d'asseoir ce droit et de le modifier suivant les cas.

Celui qui a déjà été proposé, c'est-à-dire l'établissement d'une taxe proportionnelle sur chaque volume, suivant le nombre de feuilles et la nature du caractère employé, a donné lieu a l'objection que voici :

« Les imprimeurs, a-t-on dit, emploient pour le texte des ouvrages seize ou dix-
» huit caractères différents (1).

(1) Suivant l'ancienne nomenclature, les caractères employés étaient *le gros-romain*, *le gros-texte* (pour in-folio), *saint-augustin*, *cicéro*, *philosophie* (pour in-4° et in-8°), *petit-romain*, *gaillarde*, *petit-texte*, *mignonne*, *nompareille*, *parisienne*, *perle* (pour in-12 et in-18, etc.). Ces noms ne faisaient aucunement connaître les proportions relatives des caractères entre eux, ni leurs proportions absolues, qui, d'ailleurs, étaient rarement exactes. Pour remédier à ces inconvénients, MM. Pierre et Firmin Didot, et leur père avant eux, fixèrent les proportions et appellations de leurs caractères d'après un système régulier. Ils divisèrent la ligne du pied de roi en six parties ou *points*, puis ils classèrent et dénommèrent leurs divers calibres, en raison du nombre de points que comprenaient les corps. (On appelle *corps* l'espace compris entre l'extrémité des lettres longues inférieures et des lettres longues supérieures. Exemple : entre le haut du *b* et le bas du *p*, *p b*). La progression se fait en général par point. MM. Pierre et Jules Didot ont seuls admis les demi-points ou douzième de ligne. On peut établir les rapports entre l'ancienne et la nouvelle nomenclature, ainsi qu'il suit :

Demi-nompareille.	*Perle.*	*Parisienne.*	*Nompareille.*	*Mignonne.*	*Petit-texte.*
3	4	5	6	7	8
Inusités.					
Gaillarde.	*Petit-Romain.*	*Philosophie.*	*Cicéro.*	*Saint-Augustin.*	*Gros-texte.*
8 1/2	9	10	11	12	14

» Les formats des livres ne sont pas moins variables ; ceux en usage sont au nom-
» bre de dix, encore les divise-t-on en grands, petits et ordinaires, ce qui donne
» trente formats. (In-folio, in-4°, in-8°, in-12, in-16, in-18, in-24, in-32, in-36
» et in-48).

» Enfin la justification, c'est-à-dire le nombre des lignes contenues dans la page
» et la longueur de ces lignes, varie chez chaque imprimeur (1). Il faut encore
» estimer ces variations à sept ou huit par format.

» Ainsi, pour faire un tarif complet, il faudra combiner, de toutes les façons
» possibles :

» Le premier élément, qui présente dix-huit modifications ;

» Le deuxième, qui en offre trente,

» Et le troisième, qui en offre huit.

» Le tarif comprendra donc quatre mille trois cent vingt articles ; imprimé
» d'une manière lisible, il formera un volume in-8° de quatre ou cinq cents
» pages. »

Si tel était l'état des choses, si l'on devait nécessairement avoir égard à toutes ces modifications, il faudrait chercher quelque autre moyen d'exécution ; mais il n'en est pas ainsi, les difficultés signalées n'ont, au fond, rien de bien réel, ou du moins d'insoluble, et il suffira, pour en convaincre, des réflexions suivantes.

D'abord, retranchons de cette longue série d'articles du tarif, tous ceux que font naître les changements de justification. Quelques lettres, une ligne ou deux de plus ou de moins par page, n'ajoutent, ne retranchent pas assez à la contenance totale d'une feuille, pour que l'on y ait égard. Disons aussi que, puisqu'il y a tantôt excès, tantôt défaut, ils se compenseront, et que les descendants des auteurs regagneront dans un cas ce qu'ils perdront dans l'autre.

Resterait seulement cinq cent quarante combinaisons : nous les réduirons à dix-huit, en faisant observer que, si l'on taxe chaque feuille entière, peu importe la manière dont elle est divisée ; qu'on la plie en quatre, en huit, en douze parties, sa contenance est la même, puisque la réduction ou l'accroissement des marges est, en général, proportionnelle à la réduction et à l'accroissement du format.

Le tarif se composerait donc de dix-huit articles au plus. En usant de la nomenclature de MM. Didot, l'on rendrait impossible toute erreur ou toute fraude sur le véritable calibre des caractères à employer, le nom de chaque corps en désignant la mesure. En outre, l'on contribuerait puissamment à faire adopter, par tous les fondeurs, les réformes de MM. Didot.

(1) On conçoit bien qu'il n'est pas ici question des modifications apportées par l'emploi de tel ou tel caractère ; changement de caractère et de justification signifierait la même chose. On signale seulement les légères variations que l'imprimeur peut faire subir aux contenances généralement en usage. Par exemple, l'in-octavo imprimé en cicéro (11 Didot) peut comprendre 29, 30, 31 et 32 lignes par page, suivant que l'on interlignera plus ou moins. Les lignes peuvent contenir (compensation faite) 1, 2, 3 lettres du plus ou moins.

Modèle du tarif.

« Il sera payé pour 100 feuilles imprimées avec le caractère dit *le douze*, vulgairement *saint-augustin*, c'est-à-dire qui n'aura pas moins de 451 millimètres de corps (2 lignes, mesure ancienne). . . . . 1 fr. » c

» Pour 100 feuilles imprimées avec le caractère dit *le onze*, vulgairement *cicéro*, c'est-à-dire qui n'aura pas moins de 413 millimètres (1 ligne 5/6, ancienne mesure). 1 35

» Pour 100 feuilles imprimées avec le caractère dit *le dix*, vulgairement *philosophie*, c'est-à-dire qui n'aura pas moins de 376 millimètres (1 ligne 2/3, ancienne mesure). 1 75

» Pour 100 feuilles imprimées avec le caractère appelé *le neuf*, vulgairement *petit-romain*, c'est-à-dire qui n'aura pas moins de 339 millimètres (1 ligne 1/2, ancienne mesure). 2 25

» Pour 100 feuilles imprimées avec le caractère appelé *le huit*, vulgairement *le petit-texte, la gaillarde*, c'est-à-dire qui n'aura pas moins de 301 millimètres (1 ligne 1/3, ancienne mesure).. . . . . 2 75

» Pour 100 feuilles imprimées avec le caractère appelé *le sept*, vulgairement *la mignonne*, c'est-à-dire qui n'aura pas moins de 263 millimètres (1 ligne 1/6, ancienne mesure). 3 35

» Pour 100 feuilles imprimées avec le caractère appelé *le six*, ou vulgairement *nompareille*, c'est-à-dire qui n'aura pas moins de 225 millimètres (1 ligne, ancienne mesure du corps) ». 4

Il faudrait pousser ce tarif, d'une part, jusqu'au 4, et de l'autre, jusqu'au 16, en faisant bien attention que les caractères, ayant, sur le papier, deux dimensions, largeur *(l'épaisseur)*, et longueur (*le corps*), la progression n'est pas arithmétique, mais géométrique. Ainsi, le *six*, moitié du *douze*, contient quatre fois plus : aussi est-il, ci-dessus, tarifé en conséquence.

On ferait bien aussi, dans la progression descendante, de tarifer le 5 1/2 et le 4 1/2. Sans cela les augmentations de la taxe (si elles sont faites, comme ci-dessus, proportionnellement), sembleraient excessives.

RAPPORT AU ROI.

(Rédigé par M. Villemain.)

Sire,

D'après les ordres de Votre Majesté, la commission chargée de préparer un projet de loi dans l'intérêt des lettres et des arts s'est plusieurs fois réunie. La première pensée des littérateurs et des artistes appelés à ce travail a été, Sire, un sentiment de reconnaissance pour les intentions généreuses du monarque, qui veut protéger tous les travaux de l'esprit par les lois autant que par sa faveur personnelle; ils ont senti que nul bienfait plus durable et plus noble ne pouvait leur être accordé; tous les membres de la commission, pénétrés de respect pour cet acte de justice et de munificence royale, se sont efforcés d'y répondre en cherchant, avec la plus scrupuleuse exactitude, les éléments d'un projet qui, favorable aux auteurs et aux artistes, conciliât également les intérêts du public et du commerce.

Tel a été, Sire, le but que s'est proposé la commission dans le projet de loi qu'elle a l'honneur de soumettre à Votre Majesté.

La législation actuelle, formée de décrets successifs, en assurant à l'auteur la propriété de ses ouvrages pendant sa vie, avait borné, après sa mort, le droit des héritiers à dix ou vingt ans, suivant leurs qualités d'héritiers collatéraux ou directs. Ce terme a paru bien court, et cette distinction entre les héritiers peu conforme à la justice; mais, en la faisant disparaître, pouvait-on étendre le droit de tous les héritiers d'une manière indéfinie, c'est-à-dire assimiler entièrement la propriété d'un ouvrage à celle d'un champ ou d'un domaine? Un tel privilége n'existe nulle part; il nuirait à l'instruction par un monopole trop prolongé; il deviendrait ou onéreux pour le public, ou illusoire pour les familles; il tromperait souvent les intentions de l'auteur lui-même, qui, en publiant son ouvrage, a souhaité que les éditions s'en multipliassent facilement après lui. Il a donc paru, Sire, que l'on devait, en étendant le terme actuel du droit exclusif, le borner cependant.

L'espace de cinquante ans a paru suffisant pour améliorer de beaucoup le sort des héritiers, ou faciliter à l'auteur lui-même des transactions avantageuses. Cette durée permet d'ailleurs de simplifier la législation actuelle, relativement aux droits que les veuves ont pendant leur vie, lorsque les conventions matrimoniales l'autorisent. Dans le nouveau système, le droit sera pris dans les cinquante ans accordés aux héritiers, et la jouissance illimitée du public commencera toujours après ce terme certain et uniforme. Un seul cas est excepté, celui où les héritiers d'un auteur n'auront pas imprimé son ouvrage dans le délai de vingt ans.

L'auteur pourra lui-même aliéner le droit de ses héritiers, comme il peut aliéner son bien. Alors la jouissance du cessionnaire sera de cinquante ans après la mort de l'auteur. Le même privilége existera pour les publications d'œuvres posthumes et pour les collections d'œuvres savantes.

Tel est, Sire, le premier titre de la loi projetée. Les dispositions qu'il renferme sont les plus favorables qu'on ait jamais faites dans aucun pays, à l'égard des auteurs et de leurs familles. Elles animeront les hommes de talent à composer de grands et sérieux ouvrages, par la certitude que leur famille y trouvera longtemps un honorable patrimoine.

Les œuvres dramatiques exigeaient une disposition spéciale. Elles ont, en effet, une double existence, celle de la représentation et celle de l'impression. Sous le dernier rapport, elles rentrent dans la classe de tous les autres écrits; mais, relativement à la représentation, ne pouvaient-elles pas donner à l'auteur et à ses héritiers un droit plus que temporaire? En effet, ici le privilége de l'auteur ou de sa famille ne cessera pas au profit du public, mais au profit des théâtres. Dès lors, ne serait-il pas juste de le prolonger, et de l'attacher, pour ainsi dire, à toute la postérité d'un auteur? Mais cette disposition entraînerait toutes les conséquences d'un droit exceptionnel; il faudrait, dès lors, rendre la part d'un auteur dramatique inaliénable, et la substituer dans la ligne directe. On aurait, par cela même, gêné l'auteur dans l'exercice de ses propres droits. Que si, au contraire, ce privilége héréditaire et indéfini était transmissible par aliénation, dès lors il ne garantirait pas l'avenir d'une famille, et les petits enfants d'un grand poëte pourraient vivre dans l'indigence, à côté du spéculateur enrichi de leur dépouille. La commission a pensé qu'il valait mieux, dès lors, ne pas s'écarter du droit commun, et rendre uniforme le système de la loi, en bornant à cinquante ans, pour la représentation comme pour l'impression, le droix exclusif des héritiers d'un auteur dramatique, et en laissant à l'auteur lui-même la faculté d'en disposer.

Les productions des arts du dessin sont l'objet d'un titre particulier. L'auteur d'un tableau qui le fera graver, celui d'un ouvrage de sculpture qui le fera mouler, auront seuls le droit d'en multiplier les exemplaires. Le même droit sera transmissible à ses héritiers et dans la même proportion que pour les ouvrages scientifiques et littéraires. On a pensé que cette égalité de faveur accordée par la loi serait sans inconvénient. Les productions médiocres n'en profiteront pas, et les productions vraiment remarquables en sont dignes.

Aucune difficulté ne s'offrait pour les œuvres musicales, sous le rapport de la représentation ou de l'impression; elles sont ramenées naturellement aux règles déjà fixées pour les publications.

Les ouvrages pouvant être un objet important de succession, il restait à déterminer à cet égard les droits de l'État, dans le cas de deshérence. La solution ne pouvait être douteuse, dans une loi toute de faveur pour les lettres: et il a paru que l'État devait se désister au profit de la concurrence, sauf les droits civils des créanciers.

Enfin, Sire, le bienfait d'une loi émanée de votre initiative ne serait pas complet, si l'application n'en devait porter que sur une époque éloignée, et si elle ne pouvait pas venir immédiatement au secours de tous les droits qui ne sont pas encore consommés. Il a paru, Sire, que la loi, quelle que fût l'époque de sa présentation, devait prendre les choses dans l'état où elles se trouveraient alors, et, en laissant au domaine public tous les ouvrages qui y seraient tombés, prolonger la jouissance des auteurs, des familles et des cessionnaires dont la possession existerait encore aux termes des lois précédentes.

Cette disposition, complément nécessaire du projet, pouvait offrir quelques difficultés de pratique légale. On s'est attaché à les résoudre dans le double intérêt des auteurs et des cessionnaires, et en leur partageant, pour ainsi dire, le bénéfice de la loi.

Du reste, le projet ne créant aucun délit nouveau, mais donnant seulement des limites nouvelles à une propriété déjà reconnue et protégée par les lois, aucune sanction pénale n'a paru nécessaire.

Tel est, Sire, l'exposé général d'un projet qui tend à réaliser la pensée première de Votre Majesté. Les membres de la commission, qui se sont livrés avec autant d'ardeur que d'exactitude à la discussion de ce travail, seraient heureux que le résultat de leurs efforts parût digne de servir aux vues généreuses de Votre Majesté, et à l'expression de sa haute bienveillance pour les lettres et les arts.

Signé le vicomte de LAROCHEFOUCAULD,

Président de la commission.

PROJET DE LOI VOTÉ PAR LA COMMISSION.

TITRE PREMIER. — *De la publication des écrits par la voie de l'impression, de la gravure ou de la lithographie.*

Art. 1er. Le droit exclusif de publier un ouvrage ou d'en permettre la publication par la voie de l'impression, de la gravure ou de la lithographie, est garanti à l'auteur pendant sa vie.

Art. 2. Après la mort de l'auteur, le droit exclusif de publier l'ouvrage ou d'en autoriser la publication durera cinquante ans, au profit de sa veuve, de ses héritiers, légataires ou donataires, le tout conformément aux règles du droit civil.

Art. 3. La prorogation établie par l'art. 2 n'aura lieu qu'à la charge de la réimpression, dans le délai de vingt ans, après la mort de l'auteur.

Art. 4. Le propriétaire, par succession ou à autre titre, d'un ouvrage posthume, jouira pendant cinquante ans du droit exclusif de le publier ou d'en permettre la publication.

Art. 5. L'auteur pourra vendre le droit exclusif de publier ses ouvrages, soit pour tout le temps accordé à lui et à ses héritiers par les articles ci-dessus, soit pour un temps plus court.

Dans ce dernier cas, ses héritiers jouiront de ce droit pendant le temps dont il n'aura pas disposé.

Art. 6. Le droit exclusif de l'État sur les ouvrages composés par son ordre et à ses frais, celui des académies et corps savants, légalement institués, sur les ouvrages publiés par leurs soins, durera cinquante ans, à compter de la première édition.

Il n'est pas dérogé, par le présent article, aux règles généralement admises par les académies, et qui conservent individuellement à chacun de leurs membres la propriété séparée des ouvrages qu'ils fournissent à la collection.

TITRE II. — *Du droit des auteurs d'ouvrages dramatiques.*

Art. 7. Les ouvrages dramatiques des auteurs vivants ne pourront être représentés sur aucun théâtre sans le consentement de ces auteurs.

Art. 8. Les conventions entre les auteurs et les entrepreneurs de spectacle continueront d'être libres. Aucune autorité ne pourra ni tarifer les rétributions ni modérer ou augmenter le prix convenu ; et les rétributions revenant aux auteurs ne pourront être saisies ni arrêtées par les créanciers des entrepreneurs de spectacles.

Art. 9. Après le décès de l'auteur, tout théâtre dûment autorisé pourra représenter sa pièce, à la charge de payer à la veuve, aux héritiers, légataires ou donataires de l'auteur une rétribution égale à celle qu'il percevait au moment de son décès.

Cette rétribution durera pendant cinquante ans.

Art. 10. En ce qui concerne l'impression des ouvrages dramatiques, les droits de l'auteur, ceux de sa veuve, de ses héritiers, légataires ou donataires seront soumis aux règles générales tracées par le titre premier de la présente loi.

TITRE III. — *Des produits des arts du dessin.*

Art. 11. L'auteur d'un dessin ou celui d'un tableau qui le fera graver, celui d'un ouvrage de sculpture qui le fera mouler, auront seuls le droit d'en multiplier les exemplaires ou d'autoriser cette multiplication.

Ce droit durera pendant toute la vie de l'auteur.

Après son décès, sa veuve, ses héritiers, légataires ou donataires en jouiront conformément aux règles établies dans le titre premier.

TITRE IV. — *Des œuvres de musique.*

Art. 12. Le droit relatif aux œuvres de musique est assimilé en tous points, quant à la représentation, à celui des œuvres dramatiques, et, quant à la publicité par un mode quelconque d'impression, à celui des ouvrages imprimés.

Dispositions générales.

Art. 13. Dans le cas où les droits qui forment l'objet de la présente loi feraient partie d'une succession en desbérence, l'État ne pourra les recueillir, et la réimpression, publication ou représentation seront libres, sans préjudice du droit des créanciers.

Dispositions transitoires.

Art. 14. Les héritiers dont le droit exclusif, résultant des lois antérieures, ne sera pas encore épuisé au moment de la promulgation de la présente loi, jouiront des avantages qu'elle assure.

Art. 15. Dans le cas où le droit exclusif des héritiers, tel que l'établissaient les lois antérieures à la présente, aurait été cédé en totalité, soit par l'auteur, soit par lesdits héritiers, le cessionnaire aura la faculté de jouir de la prorogation du droit exclusif résultant de la présente, à la charge de payer aux héritiers un supplément de prix, qui sera réglé à l'amiable, si faire se peut, sinon, judiciairement et sur un rapport d'expert.

Le cessionnaire qui voudra profiter de cette faculté sera tenu, dans le cas où il ne traiterait pas à l'amiable avec les héritiers de l'auteur, d'en faire la déclaration au greffe du tribunal de son domicile, dans les six premiers mois de la dernière année de la jouissance du droit exclusif.

Le cessionnaire dont le droit expirerait dans l'année de la promulgation de la présente loi, aura, pour faire sa déclaration, six mois, à dater de cette promulgation.

Certifié conforme à la minute du projet, annexée à celle des procès-verbaux des séances.

Le secrétaire de la commission,

Signé Jules Mareschal.

FIN.

Paris. — Imp. Félix MALTESTE et Cie, rue des Deux-Portes-St-Sauveur, 22.

AUTRES PUBLICATIONS

DE M. JULES MARESCHAL.

PHILOSOPHIE MORALE ET RELIGIEUSE.

Éloge funèbre de Louis XVI.
Une visite au Walhalla.
Le Champ du Repos.
Méditation sur l'existence de Dieu.

POLITIQUE.

Considérations sur l'état moral et politique de la France.
Essai sur les Factions (ouvrage agréé pour la bibliothèque de la Chambre des Députés).
Rapports sur la Presse périodique.
Napoléon devant le siècle et devant l'histoire.

HISTOIRE.

Précis de l'histoire de Bohême (14 premiers siècles).
Notice historique sur la Bavière.
Notice historique sur l'origine des Peuples slaves.
Notice historique sur les Scandinaves et les Suèves.
Notice historique sur l'origine des Teutons et des peuples Germains.

LITTÉRATURE.

(PROSE)

Fragments sur la propriété littéraire.
Un Régent (chronique Bohême) . . . . 2 vol.
Wlasta (Id.). . . . . 1 vol.
Mathilde de Nuremberg (légende du xe siècle) . . . . 1 vol.

(POÉSIE)

Epître à ma jeune cousine (Trois éditions successives).

L'Étoile du salut (ouvrage agréé par l'ACADÉMIE FRANÇAISE).

L'Anon, Conte en vers. (MÉDAILLL D'HONNEUR, décernée par la Société Protectrice des animaux).

ÉCONOMIE POLITIQUE ET ADMINISTRATION.

Voyage dans les landes de Bordeaux (1823).

De l'achèvement de la voie navigable entre Bordeaux et Bayonne (1844).

Les Landes du littoral du golfe de Gascogne (Considérées dans leurs rapports avec le chemin de fer de la Teste, 1845).

De l'emploi du sel en agriculture (1848).

De la mise en valeur des landes. (Ouvrage auquel ont souscrit le ministère de l'Intérieur et celui des Travaux publics (1853).

Des chemins de fer au point de vue social et civilisateur. (Ouvrage agréé pour la Bibliothèque de l'Académie des Sciences morales et politiques (1854).

Des fusions et des grandes Compagnies. (Ouvrage agréé par la Chambre de Commerce de Paris (1855).

Marseille et Bayonne, leur avenir et celui du Midi, au point de vue du réseau pyrénéen (1856).

ŒUVRES JUDICIAIRES.

Mémoire à consulter pour les créanciers de l'ancienne liste civile (1831). (Ce mémoire a été suivi d'une consultation de 14 avocats les plus famés du Barreau de Paris, qui en adoptait toutes les conclusions, et de jugements et arrêts qui les ont consacrées).

Observations présentées aux Chambres sur l'art. 6 du projet de loi relatif à la dotation de la Couronne.

Mémoire aux deux Chambres pour les employés réformés, sans pension, de l'ancienne liste civile (1832).

Mémoire à consulter sur la question de confiscation des cautionnements des Compagnies de Chemins de fer. (Ce mémoire a été suivi de la restitution des dix millions formant le cautionnement confisqué de la Compagnie de Lyon-Avignon).

Mémoire à consulter, pour la Compagnie du chemin de fer de Lisieux à Honfleur (1855).

Paris. — Imp. Félix Malteste et Cie, rue des Deux-Portes-Saint-Sauveur, 22.

www.ingramcontent.com/pod-product-compliance
Ingram Content Group UK Ltd.
Pitfield, Milton Keynes, MK11 3LW, UK
UKHW020556180726
13838UKWH00001B/287